EDITORIAL

AUFGEPASST!

Um deutlich zu machen, dass er bei der Arbeit war, trug der Mathematiklehrer stets einen weißen Kittel, und er transportierte außer seinem Körper auch stets ein großes Geodreieck von Klassenzimmer zu Klassenzimmer. Lange her, das Ganze, klar. Aber lange, was heißt das schon? Was ist lange? Und was genau ist Zeit? Jedenfalls eine wichtige Sache, wenn es um unsere Aufmerksamkeit geht. In dieser Episode geht es um die eines Schülers (mich), 16 Jahre alt, vergeblich davon träumend, Britta zu küssen. Solche Träume wollen sich von einer Doppelstunde Mathematik natürlich nicht aufhalten lassen, besonders dann nicht, wenn diese 90 Minuten am Ende des Schultags liegen. Der Mann im weißen Kittel hieß Irgang, er wollte den Schülerinnen und Schülern nichts Böses, aber natürlich wollte er ihre Aufmerksamkeit, auch meine. An diesem Tag für die Ermittlung von Wendepunkten bei einer Funktion mit einer Variablen. Durchs Fenster drang das Lärmen von Schülern, die schon freihatten.
Liebe Leserin, lieber Leser, unser Titelthema »Das Geschenk der Aufmerksamkeit« handelt davon, dass wir glücklicher sind, wenn wir damit richtig umgehen, sowohl beim Geben als auch beim Nehmen. Sind 90 Minuten lange? Ja, sie sind sehr lange. Sie sind sogar noch viel länger als sehr lange. Sie hören einfach nicht auf, lang zu sein. Irgendwann baute sich der Lehrer vor mir auf und sagte: »Es ist schon sehr unhöflich, wenn Sie in meiner Stunde alle zwei Minuten auf die Uhr schauen.« Er machte eine Pause. »Aber es grenzt an Unverschämtheit, wenn Sie dann noch Ihre Uhr ans Ohr halten, ob sie noch tickt.«

Andreas Lebert, Chefredakteur

AUS DER REDAKTION

Johanna Michaels, Redakteurin bei ZEIT WISSEN, hat aus ihrem Philosophiestudium einige nützliche Werkzeuge für gutes Argumentieren mitgenommen (S. 40). Hilft ihr das auch bei ihren regelmäßigen Interviews mit Pflanzen? In dieser Ausgabe stellt sich der Hanf ihren kritischen Fragen (S. 50).

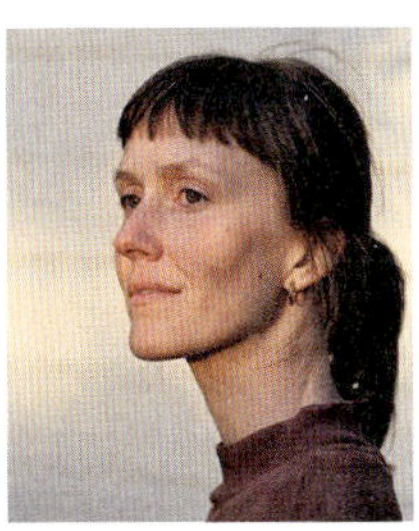

Isabel Seliger lässt eine geheimnisvolle Traumwelt aus ihren Illustrationen hervorleuchten, in der man sich schnell verlieren kann. Von Berlin aus arbeitet sie für Zeitungen und Magazine auf der ganzen Welt. Für diese ZEIT WISSEN-Ausgabe hat sie das Cover und die Titelgeschichte illustriert (S. 20).

Titelillustration: Isabel Seliger/Sepia; Fotos: Volker Wenzlawski; Jan Lessner; privat

INHALT

44   32

Menschen glauben, den Hund gut zu kennen. Dabei ist es eher umgekehrt

Russland saß bei ihr auf der Anklagebank: Juristin Angelika Nußberger im Gespräch

---

Fotos: Enver Hirsch, Patricia Kühfuss; Illustration: Isabel Seliger/Sepia

NEUE SERIE

**Das Geschenk der Aufmerksamkeit.
Wie wir unsere kostbarste Ressource neu entdecken**

1. Kann man seiner Persönlichkeit einen neuen Anstrich geben?

Wenn das Schicksal zuschlägt, ändern sich Menschen oft grundlegend. Aber muss dafür immer erst etwas Schlimmes passieren?

Text Noah Hildebrandt   Foto Rafa Rojas

Morgens um zehn am Kaffeevollautomaten im Büro. Der Andrang ist groß, mein Gesprächsbedarf genau das Gegenteil. Aber es hilft ja nichts. Meine tägliche Übung muss sein, denn die Persönlichkeit wandelt sich nicht von selbst. Also Kopfhörer ab und rein ins Reden. Über die Brühstufe. »Schon wieder Stufe vier? Au Backe, das wird zittrig.« Höfliches Kichern. Kann das noch was werden mit meiner sozialen Kompetenz?

Friedrich Nietzsche behauptete, man müsse Chaos in sich haben, um einen tanzenden Stern gebären zu können. Für ihn konnte Wandel nur geschehen, wenn es richtig zur Sache geht. Die psychologische Forschung gibt ihm recht: Vor allem traumatische Erlebnisse wie der Tod eines Angehörigen führen dazu, dass wir uns ändern. Aber muss es wirklich erst so schlimm kommen? Psychologinnen beschreiben die scheinbar so schwer zu fassende menschliche Persönlichkeit anhand von fünf Eigenschaften: der Offenheit für Erfahrungen, der Gewissenhaftigkeit, der Geselligkeit und der Verträglichkeit. Der Neurotizismus ist die fünfte Eigenschaft der sogenannten Big Five und beschreibt die emotionale Stabilität eines Menschen. Je schneller wir ängstlich oder gestresst sind, desto neurotischer sind wir demnach.

Wer seiner Persönlichkeit einen neuen Anstrich verpassen will, wird an der Ausprägung einer oder mehrerer dieser Dimensionen des eigenen Selbst rütteln müssen. Was die Forschung *volitional personality change,* also freiwillige Persönlichkeitsänderung nennt, kann auf zwei Wegen geschehen: mit oder ohne die Betreuung durch Therapeuten, Coachings oder Apps, wobei die Therapie am wirkungsvollsten ist.

Auch wenn ich dilettantisch mit Alpinaweiß auf eigene Faust meine Persönlichkeit überrolle, kann ich Erfolg haben. Muss ich aber nicht. Eine 2024 erschienene Metastudie der Universität Zürich fand heraus, dass ohne Hilfe nur kleine Veränderungen der Big Five möglich sind. Wie kontaktfreudig und emotional stabil wir sind, lässt sich da noch am ehesten justieren. Ohne professionelle Unterstützung sind aber bloß kleine und eher vorübergehende Veränderungen möglich, die zum Teil sogar schädlich sein können: Dass ich von der grauen Maus dauerhaft zum Hansdampf in allen Gassen werde, ist also eher unwahrscheinlich. Wer im Alleingang die Hauswand neu tüncht, muss damit rechnen, nach dem nächsten Winter eine abblätternde Fassade zu haben. Und übermalte Fensterrahmen.

Möchte ich kontaktfreudiger werden und lasse mir dabei von Apps, Coachings oder Therapeutinnen helfen, lerne ich beispielsweise zuerst, was Kontaktfreude überhaupt ausmacht. Danach setze ich mir Ziele, wie: im nächsten Monat mit zwölf Fremden ein Gespräch zu beginnen. Aber bevor ich mich ins Getümmel wage und furchtvoll drauflos smalltalke, bis die Furcht irgendwann schwindet, muss ich mir noch eingestehen, wie weit ich davon entfernt bin. Meine Bilanz: null Fremdsmalltalks in den letzten vier Wochen.

Damit ich nicht immer einen Rückzieher mache, sollte ich das Ziel an den Alltag knüpfen. Stichwort Kaffeevollautomat. Mit der Zeit entwickelt sich dann aus dem gekünstelten Akt eine neue Gewohnheit, die auch an unkommunikativen Tagen greift. Auf dem Weg dorthin helfen Coachings oder Apps etwa eineinhalbmal so gut wie der Alleingang, eine Psychotherapie ist sogar knapp dreimal so effektiv. Wichtig ist neben den neuen Routinen, regelmäßig zu reflektieren – heute habe ich über die Brühstufe des Vollautomaten gesprochen, und es war mir nur ein bisschen unangenehm –, bis es irgendwann heißt: Meine Persönlichkeit hat einen neuen Anstrich – und der Lack bleibt dran. ■

2. Warum haben wir hinten keine Augen?

Wäre ja eigentlich ganz praktisch. Die Evolution sieht das aber offenbar ganz anders

Text Sven Stillich Foto Yann Arthus-Bertrand

Mehr als 500 Millionen Jahre hatte das Auge Zeit, sich zu entwickeln, und die Evolution hatte währenddessen nicht nur eine Idee: Heutzutage laufen, fliegen oder schwimmen Lebewesen herum mit Augen an der Seite oder auf dem Kopf, es gibt Facettenaugen, Augen zum Unterwassersehen und spezielle Konstruktionen für Nachtaktive. Greift man die Wirbeltiere heraus, fällt auf: Der Ausruf »Ich hab doch hinten keine Augen!« ist universell, er könnte auch von einem Wiesel stammen oder einem Gnu. Welchen Vorteil es haben kann, die Augen vorn zu haben, weiß Lars Schmitz: »Schon die frühen Wirbeltiere schwammen mit dem Kopf voraus« sagt er, »das ermöglichte es ihnen, Hindernisse, Gefahren und Nahrung früh zu erkennen.« Der Biologe vom Claremont McKenna College in Kalifornien ist ein Augen-Nerd. Es lohnt sich, auf YouTube seinen Bildvortrag über *Every Eye In The Animal Kingdom* anzusehen.

Die Augen vorn zu haben, hilft also bei der Orientierung – diese Position ist entwicklungsgeschichtlich ein Vorteil. Ein weiterer: »Beim Menschen als ursprünglichem Jäger, Sammler und Werkzeugmacher ist das räumliche Sehen wichtig, was zwei nach vorne gerichtete Augen erfordert«, sagt Henrik Kaessmann, Evolutionärer Molekularbiologe an der Universität Heidelberg. Für den 3D-Effekt legt das Gehirn die Bilder der zwei Augen übereinander. So kann es Distanzen abschätzen. Das ist wichtig, wenn man etwa wissen will, wie weit man springen muss, um eine Beute zu greifen – oder den nächsten Ast am Baum. Auch bei Katzen liegen deswegen die Augen vorn. Bei Vögeln sind sie meist an der Seite – aber nicht bei Greifvögeln, die brauchen sie vorn.

Die Lage der Augen ist also auch ein Hinweis darauf, wo sich ein Wesen in der Nahrungskette befindet: Bei Beute- und Fluchttieren liegen die Augen meist an der Seite. Kaninchen, Gazellen, Pferde oder Rehe haben so einen Rundumblick und können sich nähernde Feinde schneller erkennen. Ein spezieller Fall ist die Eule: Sie kann sowohl räumlich gut sehen mit ihren nach vorn gerichteten Augen, kann aber auch noch den Kopf nach hinten drehen, was fast eine Rundumsicht ermöglicht. Und noch spezieller ist das Chamäleon: Es kann beide Augen unabhängig voneinander bewegen.

Auf die Frage, warum wir hinten keine Augen haben, gibt es mehrere Antworten. Die erste: Wir besitzen weitere Sinne, die uns Gefahren von hinten anzeigen – wie das Gehör. Die zweite: »Als soziales Wesen, das in Gruppen lebt, war ein Rundumblick evolutionär weniger wichtig, da die Gruppe uns von hinten absichert«, sagt Kaessmann. Und: »Ein drittes Auge wäre eine zu große Energieinvestition und würde ein noch komplexeres Gehirn erfordern als das menschliche, was sowieso schon viel Energie verbraucht«, sagt er. »Die visuelle Verarbeitung der Reize schon eines Augenpaars ist hochkomplex und aufwendig.« Augen sind für den Körper teuer im Betrieb. Außerdem sind sie verletzungsanfällig.

Aber ... könnte sich vielleicht in den nächsten Jahrmillionen bei uns ein drittes Auge am Hinterkopf entwickeln? »Nur wenn ein ganz klarer Vorteil für ein sehr großes Sichtfeld gegeben wäre, könnte ich mir das vorstellen«, sagt der Biologe Lars Schmitz. »Aber das ist extrem unwahrscheinlich – nicht zuletzt wegen all der technischen Möglichkeiten, die jetzt schon unsere Sinnessysteme unterstützen und erweitern.« Die Wahrheit ist: Der Mensch braucht die Evolution nicht mehr, die dauert vielen sowieso viel zu lange. Eher bauen wir uns in Zukunft selbst Apps und Implantate, um mit ihnen nach hinten zu schauen. Oder um Wärme sehen zu können wie die Klapperschlangen oder ultraviolettes Licht wie die Bienen. Oder im Dunkeln, wie Löwen. ■

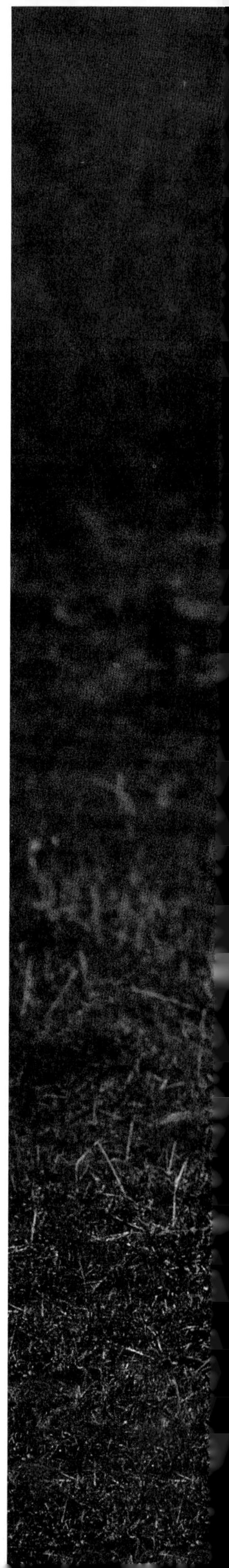

Foto: Yosigo / José Javier Serrano

3. Was ist die Faszination am Schaufeln?

Mit Schippe und Förmchen Burgen und Kuchen bauen. Schatz ausgraben. Schatz eingraben. Und dann erst der Bagger. Einfach toll!

Text Hella Kemper Foto Yosigo

Der Strand ist eine große Spielwiese, auf der fast alles erlaubt ist. Das Leben auf dem Sand darf sinnfrei und zwanglos sein – und irgendwann fängt jemand an zu buddeln. Entweder an einem Platz möglichst nah am Wasser. Oder es wird eimerweise Wasser herangeschleppt. Und dann, mit Sand gemischt, zu Burg, Berg oder Tunnellabyrinth verbaut, zu Eiskugeln geformt oder zu Brei gekocht. Der Aufwand für die Konsistenz des Materials ist dabei elementar: Der Matsch ist formbar, nicht so flüchtig wie Wasser, aber besser gestaltbar als Stein, er ist irgendwas dazwischen. Eine ähnliche Konsistenz haben Schlamm und Schlick. Beide sind weich und wärmen sich in der Sonne schnell auf. Wie Matsch gehören sie zur Welt des Indifferenten, der Übergänge. »Dieser Zwischenzustand macht in einer binär organisierten Welt Lust«, sagt der Hamburger Kulturwissenschaftler Hartmut Böhme.

Auch wenn es manchmal den Anschein hat, als verfolgte das Buddeln und Bauen ein Ziel, nämlich ein schönes und solides Bauwerk zu erschaffen, das dem Wasser standhält, sieht man mit Erstaunen, dass es ähnlich befriedigend ist, wenn man zulässt, dass ein mächtiges Element das Erschaffene wieder zerstört. Kinder fühlen sich in dem Moment allmächtig. »Sie spielen Gott«, sagt Böhme, »das grandiose Ich ist Herrscher sowohl über die Entstehung als auch über die Zerstörung.« Männer, die in ihrer Freizeit Bagger fahren und gewaltige Erdmassen aus der Erde holen, erleben das Gefühl der Omnipotenz ähnlich, nur dass die Maschine größer und motorisiert ist. »Mit einem Gerät in etwas einzudringen«, so Böhme, »ist ganz klar phallisch orientiert. Ein Bagger gibt uns das Gefühl von Macht.«

Anders als das Buddeln im Sand verfolgt das Graben im Garten ein Ziel, es soll den Boden lockern und die Erde wenden, um gute Voraussetzungen für das Wachstum der Pflanzen zu schaffen. Die dünne Schicht Mutterboden ist für uns überlebenswichtig, dort wächst, was uns ernährt. In frühen Zeiten haben Menschen nach Wurzeln oder Wasser gegraben. Als sie sesshaft wurden, bearbeiteten sie die Erde, um Samen oder Getreidekörner in sie zu legen. Wer heute einen Gemüsegarten bewirtschaftet, tut das oft auch, weil die gleichmäßigen, monotonen Bewegungen beim Um- und Ausgraben, beim Hacken und Harken beruhigend wirken.

Mit einem Spatenstich wenden wir aber nicht nur etwas, sondern heben auch Verborgenes aus der Tiefe nach oben. Wir holen etwas ans Licht und können es genauer besehen: Ist der Boden fruchtbar oder voller Steine? »Graben ist also auch ein Wahrheitsprozess«, sagt Hartmut Böhme. Entbergungsarbeit habe Heidegger das genannt. Geborgen wird, was Zeugnis ablegen kann: Fossilien, Versteinerungen, Tonscherben. Sie sind Überbleibsel der Vergangenheit – wenn wir sie ausgraben, erfahren wir, was sonst im Dunkeln bliebe.

Wir holen aber nicht nur die Vergangenheit nach oben, sondern fördern auch Bodenschätze wie Kohle, Gold oder Öl zutage. Dafür müssen wir manchmal tief graben, und weit unten wird es gefährlich. Denn Wasser erzeugt unterirdische Hohlräume, die zur Falle werden können. Kaum ein Tier gräbt tiefer als fünf Meter. Die Tiefe, nicht einsehbar, hat etwas Heimliches und etwas Unheimliches. Das Erdreich ist ja auch unser Grab. In manchen Kulturen werden die Toten fünf Jahre nach der Beerdigung wieder aus der Erde geholt, die Knochen gesäubert und zusammengesetzt. Dann nehmen die Skelette an einem gewaltigen Fest teil, sie werden wieder in die Gesellschaft integriert. Denn unsere Sehnsucht nach Wiederauferstehung ist groß. Und jede Schaufel erinnert uns daran. ■

ÜBER DAS SEGELN

Aufgezeichnet von
Max Rauner

Foto
Magdalena Stengel

Unser Experte: Jonny Seekamp, 14, segelt seit fast zehn Jahren einen Optimisten, das ist die Bootsklasse für Kinder. Er hat drei Weltmeisterschaften absolviert und wurde bei der WM 2025 Achter. Er lebt in Bremen.

Wenn ich auf dem Wasser bin, achte ich sehr genau auf die Wellen. An den kleinen Wellen sehe ich, wenn sich eine Windbö nähert. Sobald sie bei mir ankommt, kann ich mit dem Boot etwas mehr Richtung Wind steuern und bin schneller an der nächsten Tonne. Auf dem Meer sind oft auch noch große Wellen. Wenn sie von hinten kommen, versuche ich die Wellenberge runterzusurfen. Dafür muss man den richtigen Moment erwischen. Wenn mich eine Welle einholt, lasse ich das Segel kurz etwas raus und stoppe es dann plötzlich. Anpumpen nennt sich das. Außerdem habe ich noch einen Trick, den ich aber nicht verraten will. Wenn alles passt, kommt mein Opti richtig in Fahrt.

Bei der Weltmeisterschaft 2024 in Argentinien war ich das erste Mal auf dem Atlantik. Die Wellen waren drei Meter hoch und sind an der Hafeneinfahrt gebrochen. Es war nicht leicht, aus dem Hafen zu segeln. Am Anfang hatte ich etwas Angst, aber nach dem ersten Mal ging es. Angst bringt nichts auf dem Wasser.

Meine Eltern segeln auch. Die haben mich in den Opti gesetzt, als ich fünf war, und mir hat es Spaß gemacht. Beim Fußball habe ich mir den Arm gebrochen und damit wieder aufgehört. Beim Segeln hatte ich auch mal ein schlechtes Erlebnis: als der Baum plötzlich umgeschlagen ist und mir die Mütze vom Kopf gerissen hat. Sie war mein Glücksbringer und ist untergegangen. Ich war so traurig, dass ich ein halbes Jahr lang nicht mehr segeln wollte.

Trotzdem habe ich heute immer noch Glück. In diesem Jahr bin ich bei der WM in Slowenien richtig gut gesegelt. Es waren neun Wettfahrten. Zwischen den Rennen denke ich an andere Dinge, um mich abzulenken, zum Beispiel, dass ich später in den Pool gehen werde. Vor dem Start bin ich voll fokussiert. Ich peile, welche Seite der Startlinie besser liegt, und fahre dorthin. An der Startlinie kämpfen ungefähr 70 Boote um die beste Position. Dann kommt das Startsignal. Wenn ich auf Kollisionskurs bin, aber Vorfahrt habe, brülle ich *»Room«* oder *»Starboard«*. Auf dem Wasser sind wir Gegner, aber an Land bin ich mit vielen Konkurrenten befreundet.

Was ist dein Lieblingsknoten?

Beim Opti gibt es nicht viele Knoten. Mein Segel mache ich mit einem Palstek und zwei halben Schlägen fest.

Und deine Lieblingswindstärke?

Drei bis vier. Ich bin leicht. Damit komme ich am besten zurecht. ■

ÜBER DAS SEGELN

Aufgezeichnet von
Max Rauner
Foto
David Maupilé

Unsere Expertin: Annette Krüger, 64, trainiert Kinder beim Mühlenberger Segelclub an der Elbe und hat für den Deutschen Segler-Verband das Trainingshandbuch fürs Opti-Segeln verfasst. Sie lebt in Hamburg.

Mein erstes Boot war ein Opti aus Holz mit einem bunten Segel. Wir wohnten in West-Berlin, und meine Eltern hatten einen Jollenkreuzer auf dem Tegeler See. Mein Bruder war ein Jahr älter und segelte schon Opti. Er war erfolgreicher als ich und hat sich für die Weltmeisterschaft qualifiziert. Aber ich durfte mitkommen und an der Geschwisterregatta teilnehmen. Dann wechselte er zur 420er Bootsklasse und brauchte einen Vorschoter, der sich um das Vorsegel und den Spinnacker des Boots kümmert. Praktisch, dass er mich hatte.

Wir waren ein gutes Team. Still und konzentriert. Mein Bruder redet nicht so viel. Die anderen Mannschaften schrien sich an, wir segelten einfach an ihnen vorbei. Wir sind bei Europameisterschaften und Weltmeisterschaften angetreten und waren im deutschen Nachwuchskader. An die Platzierungen erinnere ich mich nicht mehr.

Auf der Kieler Woche habe ich mich in einen Segelmacher verliebt und bin zu ihm nach Hamburg gezogen. Meine Abschlussarbeit in Industriedesign schrieb ich über die Arbeitsplatzgestaltung eines Segelmachers. Wir haben die Werkstatt so umgebaut, dass das Segeltuch aufgerollt in Schalen liegt, die am Tisch befestigt sind. Dann rutscht es beim Nähen besser über den Tisch. Die Nähmaschine schwenkbar zu installieren, war aber zu kompliziert. Jedenfalls ging diese Zeit nahtlos ins Kinderkriegen über.

Beide Kinder sind gesegelt, aber meine Tochter hat leider aufgehört. Mein Sohn ist richtig gut geworden. Er segelt in der Bootsklasse J70 in der Bundesliga und ist 2024 mit seinem Team Meister geworden. Und 2025 Zweiter in der Champions League.

Ich bin inzwischen auch auf einer J70 unterwegs, mit weiteren vier Frauen. Seit 2018 trainieren wir jeden Dienstag auf der Alster. Ich bin Taktikerin, das heißt, ich sage die Böen an und entscheide, wann gewendet wird. Mein Sohn hat uns ein paar Mal trainiert. Ich erkenne die Böen, aber er kann sogar eine Winddrehung vorhersehen, das bewundere ich. Auf der Elbe trainiere ich die Kleinen im Opti. Wenn sie zum ersten mal selbstständig das Fahrwasser queren, ist das für mich ein Highlight.

Hast Du einen Lieblingsknoten?

Ich mag die Anleitung zum Palstek: eine Schlange kommt aus dem See, kriecht um den Baum und taucht wieder ein.

Und eine Lieblingswindstärke?

Als Trainerin für die Anfänger 1 bis 3 Beaufort. Mit der J70-Crew kann es inzwischen gar nicht genug Wind geben. ■

Unser Kolumnist ist seit Jahren mit einer Wissenschaftsjournalistin verheiratet. Was sie an neuen Studien auf den Tisch bekommt, wirkt sich unmittelbar auf seinen Alltag aus – bis zur nächsten Studie. Besonders gut kennt sie sich seit einiger Zeit mit **Morgenlicht** aus

Text Till Raether   Illustration Till Lauer

Unmittelbar nach dem Abitur ging mein Sohn ein Jahr zum Studieren in die USA (man kann sich das heute nicht mehr vorstellen, es war 2022). Als er zurückkam, um in Hamburg auf die Uni zu gehen, zog er wieder in sein altes Zimmer bei uns, und es begann eine für mich sehr schöne Zeit: mit einem Kind zusammenzuleben, das aber schon erwachsen ist. Es gab natürlich Streit wegen Aufräumen, Einkaufen und wer wann das Auto kriegt, aber für mich überwogen die Vorteile. Das liegt an unserem Morgenritual, das, ehrlich gesagt, mein Leben verändert hat.

Nach einer Weile fing mein Sohn nämlich an, sich morgens als Erstes mit der Kaffeetasse rauszusetzen. Egal bei welchem Wetter. Ungefragt erklärte er mir, er hätte beim Neurowissenschaftler und beliebten Video-Podcaster Andrew Huberman erfahren, dass das Morgenlicht besonders wichtig sei für den Schlafrhythmus und dass man sich deshalb morgens immer erst mal eine Weile raussetzen sollte.

Nichts gegen Andrew Huberman von der Stanford School of Medicine und seinen Podcast. Ich glaube alles, aber grundsätzlich erst, wenn meine Frau es bestätigt. Ja, sagte sie, da gebe es diese Studie der University of Washington in Seattle: Im Winter schliefen Studienteilnehmer im Schnitt 35 Minuten später ein, was die Forschenden damit erklären, dass sie in der ersten Tageshälfte weniger Licht abbekommen als im Sommer. Für meinen Sohn und seine Peer Group erwuchs daraus die Überzeugung: Wer sich morgens raussetzt, um Tageslicht einzufangen, schläft abends besser ein, sommers wie winters.

Mir gefiel diese Lesart sehr, denn ich habe auf Anhieb davon profitiert. Bevor mein Sohn sein Zimmer und Hamburg wieder verließ, saß ich jeden Morgen mit ihm ungefähr zwanzig Minuten draußen. Oft redeten wir, oft aber auch nicht. Manchmal stritten wir uns um acht Uhr morgens, aber um Viertel nach sagte er dann trotzdem, und sei es aus neuer Gewohnheit: »Kommst du mit raus, Papa?«

Meine Frau hat eine andere Morgendramaturgie, sie arbeitet früh oder macht zwischen acht und neun Uhr Sport. Meine Tochter verlässt um zehn vor acht das Haus (Schulpflicht). Es war also von Anfang an so ein Vater-Sohn-Ding, aber völlig ungeplant. Vater-Sohn-Dinge sind immer zum Scheitern verurteilt, wenn man sie plant. Die schönsten Dinge ergeben sich zufällig, aber das weiß man vorher nicht. Wir haben auch währenddessen nie darüber geredet, wie schön es war. Sondern darüber, was meinen Sohn an dem Morgen bedrückte, was einem von uns gerade durch den Kopf ging oder wer heute das Auto brauchte. Die Kissen und die leeren Kaffeebecher habe danach meistens ich wieder mit reingenommen, aber das hat mir nichts ausgemacht. Wenn es regnete, rollten wir die Markise aus, wenn es geschneit hatte, fegte ich die Stühle frei. Und dann saßen wir da und begannen den Tag mit Draußenlicht und Zweisamkeit.

Bis mein Sohn im vorigen Herbst seinen Studienort nach Freiburg wechselte. Das war erst mal gar kein Problem für mich. Es ist ja schön, wenn die Kinder groß werden. Aber dann kam ich am Morgen nach seiner Abreise ganz automatisch mit meiner Kaffeetasse nach draußen, und mit einem Mal schien das Morgenlicht nicht mehr ganz so wertvoll wie zuvor. Ich schluckte, dann fing ich an, allein meinen Kaffee zu trinken. Nach zwei, drei Minuten rief ich ihn an. Er saß draußen mit seinem Becher auf den Stufen vorm Studentenwohnheim, wo er ein Bett untergemietet hatte.

Es war nicht dasselbe. Aber seitdem beginne ich erstens jeden Tag mit einem studiengeschenkten Moment der inneren Einkehr in der äußeren Welt. Und zweitens, vor allem, denke ich jeden Morgen an ihn, wenn ich mit meinem Morgenkaffee vor einem Hotel stehe, am sonnigen Ende eines Bahnsteiges oder, wie meistens, allein auf der Terrasse sitze. Danke, Andrew Huberman, für die populärwissenschaftliche Aufbereitung obskurer Medizinstudien. Danke, dass meine Frau so was für mich einordnet. Aber vor allem danke ich meinem Sohn, dass er mir ein Ritual geschenkt hat, bei dem ich mich ihm jeden Tag nah fühlen kann, obwohl er 800 Kilometer entfernt ist. ■

Till Raether ist Journalist und Schriftsteller. Er war stellvertretender Chefredakteur der »Brigitte« und arbeitet heute freiberuflich als Autor. Sein neuer Roman »Disko«, der 1975 in München spielt, ist bei btb erschienen. Er lebt mit seiner Familie in Hamburg

Einst der Stolz von Züchtern und geschätzte Botin für Herrscher und Agenten: Tauben können mehr als Städte vollkacken

Tauben werden wieder unsere Freunde

Sie machen tonnenweise Dreck in unseren Städten – aber es gibt ein erstaunlich einfaches Rezept dagegen: Fürsorge

Text Noah Hildebrandt

Rund 15.000 Tonnen Taubenkot gehen täglich über deutschen Städten nieder und machen Tauben so unbeliebt, dass man sie auch als Ratten der Lüfte beschimpft. Sie seien dreckig und übertrügen Krankheiten, heißt es. Tun sie aber nicht mehr als Haustiere – es kümmert sich nur keiner um sie. Dabei sind wir selbst verantwortlich für die Situation: Die Stadttaube ist eine Nachfahrin der Felsentaube, die der Mensch als Brieftaube vor Jahrtausenden an sich gewöhnt und von sich abhängig gemacht hat. Seit der Antike diente sie als Botin. Ab dem 19. Jahrhundert wurde die Zucht außerdem ein beliebtes Hobby der Arbeiterklasse, mit Taubenschlägen in Gärten und auf Dachböden. Doch als die Städte nach dem Zweiten Weltkrieg zerstört und die ehemaligen Züchter alt oder nicht heimgekehrt waren, ließen die Menschen die Tauben einfach frei. Sie hatten andere Sorgen, um die sie sich kümmern mussten.

Die Taube aber ist so heimatverbunden, dass sie immer wieder zum gleichen Ort zurückkehrt. Sie blieb in den Städten und vermehrte sich fortan unkontrolliert.

Heute gibt es bis zu 600.000 Stadttauben, trotz Fütterungsverbot. Nahrung finden sie problemlos in den Fußgängerzonen, schließlich lassen wir jede Menge Süßes, Salziges, Milchiges und Krümeliges fallen. Und was für uns köstlich ist, ist es auch für Tauben – allerdings ebenso ungesund: Bis zu 25-mal täglich schießt so ein Vogel seinen übersäuerten Kot vom Himmel, auf Kirchen, Denkmäler und Autos.

Doch es gibt eine Lösung für das Problem: das Augsburger Modell. Mitte der Neunzigerjahre begann die Stadt an den Orten, an denen sich die meisten Tauben aufhalten, wie am Bahnhof und in der Fußgängerzone, Taubenhäuser aufzustellen. Die Vögel nahmen die Nistplätze an, weil sie selbst nicht besonders gut im Nestbau sind. Außerdem füttern Ehrenamtliche die Tiere dort mit Körnern und Mineralien, damit der Kot nicht so ätzend wird, versorgen sie, wenn sie krank sind – und ersetzen die Eier durch Gipsattrappen, sobald die Weibchen sie in das Taubenhaus gelegt haben. Und die Tauben fallen darauf herein. Unermüdlich brüten sie, ohne dass Nachwuchs aus den Eiern schlüpft. So gelang es Augsburg bis heute, mehr als die Hälfte seiner Tauben artgerecht zu halten – und gleichzeitig deren Zahl zu reduzieren. Diesem Erfolgsmodell folgen inzwischen mehr als 70 Städte in Deutschland. Zwar müssen wir die Tauben so ein zweites mal domestizieren, aber dafür können wir wieder Freunde werden: Tauben merken sich Gesichter, an die sie sich einmal gewöhnt haben, ein Leben lang. ■

Weiterlesen: Mehr über Taubenhäuser haben »Menschen für Tierrechte« veröffentlicht (t1p.de/1l2lz). Dass sich Tauben menschliche Gesichter merken, hat die Society for Experimental Biology erforscht (t1p.de/pcuyh)

Foto: Maria Roman/Getty Images

DAS GESCHENK DER AUFMERKSAMKEIT

Wie wir die Souveränität über die kostbarste Ressource in unseren Köpfen zurückgewinnen

Text Tobias Hürter illustrationen Isabel Seliger

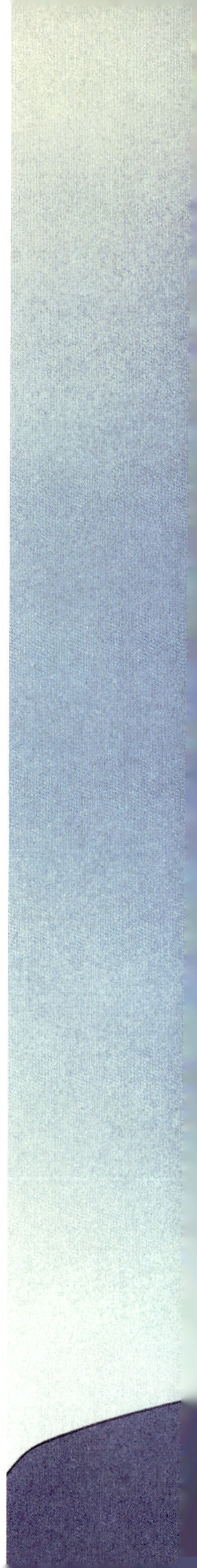

Der Arzt und deutsche Jude Ludwig Guttmann floh im Jahr 1939 mit seiner Familie nach England. Dort fand er eine Stelle in einem Krankenhaus für Querschnittsgelähmte, vor allem abgestürzte Piloten der Royal Air Force. Die Atmosphäre war trostlos, Patienten lagen sediert in ihren Betten und dämmerten dem Tod entgegen. Ein Kollege nannte sie »sterbende Krüppel«.

Guttmann sah sie anders. Er sah Menschen. Er ließ die Beruhigungsmittel absetzen, holte die Patienten aus den Betten, warf ihnen Bälle zu, drückte ihnen Pfeil und Bogen in die Hand, tat alles, um sie in Bewegung zu bringen. Unter seinen Kollegen machte sich Unmut breit. Guttmann wurde zu einer Anhörung zitiert. »Was glauben Sie, wer diese Leute sind?«, erboste sich ein anderer Arzt. »Sie sind die besten Menschen«, antwortete Guttmann. Er machte unbeirrt weiter, organisierte Sportfeste für die Gelähmten, zuerst auf dem Klinikgelände, dann im ganzen Land. Daraus entstanden im Jahr 1960 die ersten Paralympischen Spiele.

Ludwig Guttmann verhalf seinen Patienten wieder zu Würde. Davor machte er ihnen ein Geschenk, das heutzutage selten geworden ist: Er schenkte ihnen seine ganze Aufmerksamkeit. Er sah sie nicht als bettlägerige Rückenmarksverletzte, sondern als Menschen mit Wünschen, Gefühlen und Fähigkeiten.

Wenn es nach der Menge der Erwähnungen, nach den bloßen Worten ginge, würden wir uns heute in einer Blütezeit der Aufmerksamkeit befinden. Wir leben angeblich in einer »Aufmerksamkeitsökonomie«, haben eine »Aufmerksamkeitsindustrie«, sind in einer »Aufmerksamkeitskrise«, leiden an einem »Aufmerksamkeitsdefizit«, haben eine verkürzte »Aufmerksamkeitsspanne«. Was dabei jedoch verloren geht, ist die tiefe Bedeutung der Aufmerksamkeit. Die viel zitierte »Aufmerksamkeitskrise« lenkt vom eigentlichen Problem ab. Es mangelt uns nicht an der Fähigkeit, aufmerksam zu sein. Wir verschwenden unsere Aufmerksamkeit. Wir lassen sie uns stehlen. Wir lassen sie verkümmern. Es ist höchste Zeit, dass wir die Souveränität über unsere Aufmerksamkeit wiedergewinnen, um sie anderen wieder schenken zu können, so wie es Ludwig Guttmann tat.

Aufmerksamkeit ist die Grundlage dessen, was uns zu Menschen macht: unserer Fähigkeiten zu Liebe, Respekt, Nähe und Fürsorge. Ohne Aufmerksamkeit gibt es keine echten Begegnungen. Ohne Aufmerksamkeit gibt es keine Menschlichkeit. Die Perfidie der Aufmerksamkeitsökonomie besteht darin, dass sie uns an dieser Wurzel des Daseins packt und diese Wurzel dann zu einer Ware degradiert. Die beste Schutzmaßnahme für unsere Aufmerksamkeit ist es, sie von einer Ware wieder zu einem Geschenk zu machen.

Es ist schon eine Weile her, dass Psychologen sich der Aufmerksamkeit zuwandten. Bis ins 19. Jahrhundert hinein stellten sich viele Gelehrte die Wahrnehmung ganz simpel vor: Die Welt projiziert sich eins zu eins in den Kopf, wie in einer Camera obscura. Und wären wir tatsächlich so einfach gebaut, dann bräuchten wir keine Aufmerksamkeit. Erst später entdeckten Wissenschaftler, dass wir die Welt doch nicht so sehen, »wie sie ist«. Wir haben blinde Flecke und systematische Sinnestäuschungen. Augenzeugenberichte widersprechen sich. Es ist eben nicht so, dass alle Menschen das gleiche Bild von der Außenwelt im Kopf haben. Da gibt es diese glibberigen Dinger namens Gehirn. Ihre physiologische Komplexität zerstört das naive Bild von der sinnlichen Wahrnehmung. Die Welt, »wie sie ist«, gibt es womöglich gar nicht. Jeder von uns lebt in seiner eigenen Wahrnehmungswelt. Und was bestimmt, welche Welt wir wahrnehmen? Unsere Aufmerksamkeit.

Wahrnehmung ist nicht nur passives Empfangen, sondern aktives Tun. Wir richten sie auf etwas. Das ist Aufmerksamkeit: die gezielte Ausrichtung der Wahrnehmung auf bestimmte Reize oder Inhalte. Wir bestimmen, was wir sehen und hören, und lassen andere Dinge weg, bewusst oder unbewusst.

Wer sind wir also noch in diesem schwirrenden, verwirrenden Durcheinander der Moderne? *»My experience is what I agree to attend to. Only those items which I notice shape my mind«*, schrieb der amerikanische Psychologe William James in seinem Buch *The Principles of Psychology*, 1890. »Meine Erfahrung ist das, worauf ich meine Aufmerksamkeit richte. Nur jene Dinge, die ich bemerke, formen meinen Geist.« Etwa zur selben Zeit stellte der deutsche Philosoph und Psychologe Franz Brentano den Begriff der »Intentionalität« in den Mittelpunkt seiner Theorie psychischer Phänomene: Alles Denken und Fühlen ist auf etwas gerichtet. Welche Kräfte unsere Aufmerksamkeit kontrollieren – und wie wir sie zurückgewinnen –, ist eine existenzielle Frage.

Ohne die Fähigkeit der Aufmerksamkeit könnten wir keine Sekunde überstehen. Allein der Anblick eines Baums mit seinen Hunderttausenden Blättern würde uns überwältigen. Menschliches Bewusstsein ohne Aufmerksamkeit ist nicht möglich. Menschen können ihr Gedächtnis, ihre Sprache, ihre Kognition oder ihre Gefühle verlieren. Aber nicht ihre Aufmerksamkeit.

Nicht nur Menschen verfügen über die Fähigkeit zu Aufmerksamkeit. »Jedes Lebewesen, das Sinnesorgane hat und mehr als eine sehr geringe Menge an Information auswählen kann, braucht eine Form von Aufmerksamkeit«, sagt der Kognitionspsychologe Klaus Oberauer von der Universität Zürich, der Aufmerksamkeit im Labor erforscht. Selbst eine Zecke, die einen Grashalm erklettert, um auf einen Wirt zu lauern, benötigt eine evolutionäre Vorform von Aufmerksamkeit.

Menschliche Aufmerksamkeit ist vom selben Prinzip, aber viel reicher. Was man gut auf einer Party erleben kann – ein beliebtes Beispiel in der Fachliteratur, genannt Cocktailparty-Effekt. Trotz des Stimmengewirrs im Raum können Partygäste ihre Aufmerksamkeit gezielt auf die Worte ihres Gegenübers richten. Wenn dann aber der eigene Name in einem Gespräch anderswo im Raum fällt, springt die Aufmerksamkeit unwillkürlich dorthin. Das Gehirn hat die ganze Zeit die Umgebung nach relevanten Informationen gescannt. In Experimenten zeigt sich, dass Menschen diese Doppelaufgabe in Arbeitsteilung beider Ohren erledigen. Wer auf einem Ohr schlecht hört, hat in solchen Situationen eher Schwierigkeiten mit seiner Aufmerksamkeit.

Im Unterschied zu Zecken mit ihren einfachen Reiz-Reaktions-Mustern können Menschen ihre Aufmerksamkeit zumindest teilweise bewusst lenken. Sie können hinschauen – oder nicht. Sie können in ihren Erinnerungen kramen. Sie können nachspüren, wie es jemand anderem geht. Und sie sind in der Lage, ihre Aufmerksamkeit in mancher Hinsicht zu trainieren.

Klaus Oberauer hat in einer Studie vor einigen Jahren eine erstaunliche Beobachtung gemacht: Entgegen der seit über hundert Jahren vorherrschenden Lehrmeinung, dass Menschen komplexe Entscheidungen in verschiedenen Aufgaben nur nacheinander treffen können, zeigten Oberauer und sein Kollege Reinhold Kliegl, dass ihre Versuchspersonen nach mehreren Trainingseinheiten lernten, zwei solcher Aufgaben gleichzeitig zu erledigen, »vollständig parallel und ohne Zeiteinbußen«.

So konnten sie im Geiste Punkte in einem Raster auf einem Bildschirm verschieben und gleichzeitig längere Zahlenreihen addieren. »Das hat mich selbst überrascht«, sagt Oberauer. Ungeklärt bleibt bisher allerdings, ob solches Training für bestimmte Aufgaben auch die allgemeine Aufmerksamkeit stärkt.

Müssen wir nur mehr üben, um in einer Welt, die uns immer wieder ablenken will, unsere Aufmerksamkeitsfähigkeit wieder in Schwung zu bringen? Nein, sagt Klaus Oberauer: »Die menschliche Fähigkeit zur Aufmerksamkeitssteuerung hat nicht nachgelassen.« Es liegt nicht an uns. Es liegt an einer Welt, die zunehmend so gestaltet ist, dass sie unsere Aufmerksamkeit gezielt auf sich zieht, was die Kontrolle über die eigene Aufmerksamkeit erschwert.

Am Ende des 19. Jahrhunderts begannen Psychologen und Biophysiker, Aufmerksamkeit zu messen, zu quantifizieren, in erforschbare Häppchen aufzuteilen. Die systematische Erforschung der Aufmerksamkeit wurde von handfesten Interessen angetrieben: Militärforscher wollten herausfinden, wie lange Bomberpiloten und Radaroperateure unter Stress oder Schlafmangel wachsam bleiben können. In Labortests ließen sie Versuchspersonen um ihre Aufmerksamkeit kämpfen, während sie ihnen langsam den Sauerstoff entzogen, bis zur Bewusstlosigkeit. »Der Großteil der wissenschaftlichen Forschung zur menschlichen Aufmerksamkeit im 20. Jahrhundert wurde im Zusammenhang mit militärischen Operationen durchgeführt«, sagt der Wissenschaftshistoriker Graham Burnett von der Princeton University. Parallel dazu entdeckte die Werbeindustrie die Aufmerksamkeit als Ressource. Im Auftrag von Pressekonzernen untersuchten Psychologen schon in

Fünf hilfreiche Ratschläge

1. LASS DICH NICHT PUSHEN

Menschen, Mails und Werbung drängeln sich ununterbrochen und ungefragt in unser Leben. Entscheide bewusst, zu welchen Zeiten am Tag du dich mit ihnen beschäftigen willst.

2. WAS ZÄHLT EIGENTLICH WIRKLICH?

Wer und was ist dir wirklich wichtig? Menschen auf dem Sterbebett erkennen das für sich oft ganz klar und deutlich. Und bereuen manchmal, sich nicht schon früher mehr Zeit für diese Dinge und Personen genommen zu haben.

3. GANZ OHR SEIN

Gespräche können Fahrt aufnehmen, wenn man sich nur einen Spaß daraus macht, genau zuzuhören und aus dem Gehörten heraus Fragen zu stellen, statt selbst zu reden.

4. LASS DICH ÜBERRASCHEN

Keiner weiß schon alles. Und selbst da, wo man glaubt, sich auszukennen, lauern Überraschungen, wenn man offen bleibt. Neugier ist eine der muntersten Begleiterinnen.

5. GEMEINSCHAFT IST EINE WELT FÜR SICH

Jeder Kontakt mit einem anderen Menschen ist für diesen einen Moment alles. Wenn man sich darauf einlässt, können die unerwartetsten Dinge daraus erwachsen.

den 1930er-Jahren mit frühen Eye-Tracking-Kameras, wie die Augen von Leserinnen und Lesern über eine Magazinseite tanzen. Um dann mit den gewonnenen Informationen die Werbeanzeigen so platzieren zu können, dass die Blicke an ihnen haften bleiben.

Dies ist die dunkle Vorgeschichte der Aufmerksamkeitsökonomie von heute: die Instrumentalisierung der Aufmerksamkeit für Krieg und Konsum. Sie führte zu einem seichten, monokulturellen Verständnis von Aufmerksamkeit als etwas zu Verwertendes. Ein einst vielfältiger, wilder Dschungel verschiedener Formen von Aufmerksamkeit, von Zuwendung, Sorge, Engagement, Lust und Neugier – ein einst reiches Phänomen wurde dadurch auf einen messbaren, quantifizierbaren Rohstoff eingedampft.

Diese Verengung prägt die Diskussionen über Aufmerksamkeit bis heute. Wenn wir uns Sorgen um unsere »Aufmerksamkeitsspanne« machen, dann denken wir bereits in den Kategorien dieser instrumentalisierten

Aufmerksamkeit ist die Grundlage dessen, was uns zu Menschen macht: Liebe, Respekt und Fürsorge

Aufmerksamkeit. Ja, es gibt diese Aufmerksamkeit, die wir gezielt einsetzen und nutzen können. Und kluge Psychologen und Neurowissenschaftler haben erforscht, wie diese Form der Aufmerksamkeit funktioniert. Doch kommt in ihr die ganze Fülle und Bedeutung der menschlichen Aufmerksamkeit zum Vorschein? Nein.

Die Befürchtung, neue Technologien würden die Aufmerksamkeit ihrer Nutzer zerrütten, ist so alt wie die Kultur selbst. Schon im 4. Jahrhundert vor Christus ließ der griechische Philosoph Platon in seinem Dialog *Phaidros* Sokrates beklagen, die (damals neue Technologie der) Schrift verderbe das Gedächtnis. Geschriebenes sei nur »eine Erinnerung von außen«. Im späten 18. Jahrhundert warnte der anglikanische Priester Vicesimus Knox vor der Lektüre von Romanen: »Sie fesseln die Aufmerksamkeit so sehr und bereiten so viel Vergnügen, dass der Geist, sobald er sich daran gewöhnt hat, sich nicht mehr der mühsamen Aufgabe des ernsthaften Studiums unterwerfen kann.« Thomas Jefferson, einer der Gründerväter der USA, prophezeite, dass Leser von Romanen – »diese Masse von Schund« – die Geduld für »gesunde Lektüre« verlieren würden. Sie würden von »aufgeblähter Fantasie, krankhaftem Urteilsvermögen und Abscheu gegenüber allen realen Angelegenheiten des Lebens« befallen. Noch skurriler wirkt heute die Warnung des amerikanischen Schriftstellers Nathaniel Hawthorne in einem Essay aus dem Jahr 1843 vor einer ebenfalls neuen Technologie: Diese werde »die Seele der Wahrheit« ersticken und alle, die fortan geboren werden, der Fähigkeit zu tiefem Gespräch berauben. »Alle menschlichen Beziehungen werden von einem tödlichen Frost gekühlt«, prophezeite Hawthorne. Was glauben Sie, welches Szenario für den Untergang der Zivilisation durch neue Technologien Hawthorne da heraufbeschwor? Es war die Verdrängung der offenen Kamine durch »trostlose und unerfreuliche« Eisenöfen.

Ähnliche Kassandrarufe waren immer wieder zu hören, als die Tageszeitungen, die Comichefte, das Radio und das Fernsehen aufkamen. Allerdings: Nur weil sich diese Warnungen wiederholen, sind sie noch lange nicht automatisch falsch.

Was heute mit unserer Aufmerksamkeit geschieht, ist vergleichbar mit dem, was während der industriellen Revolution mit der menschlichen Arbeitskraft geschah. Diese Parallele hat der amerikanische Journalist und MSNBC-Moderator Chris Hayes in seinem gerade erschienenen Buch *The Siren's Call. Das Ende der Aufmerksamkeit und wie wir sie zurückerlangen können* herausgearbeitet. Jahrhundertelang hatten Menschen in einem agrarischen Feudalsystem gearbeitet. Dann, in der industriellen Revolution, wurde jede Stunde Lohnarbeit jeder anderen Stunde Lohnarbeit gleichwertig. Die menschliche Arbeitskraft wurde zu einer handelbaren Ware und auf dem »Arbeitsmarkt« zu einem bestimmten Preis verkauft. Ähnliches geschehe gerade mit unserer Aufmerksamkeit, argumentiert Hayes. Sie wird zu einer Ware, gehandelt auf einem globalen Markt. Wenn jemand eine Webseite aufruft, findet im Hintergrund, unbemerkt von ihm, binnen Sekundenbruchteilen eine Auktion um seine Aufmerksamkeit statt: für die Werbeflächen auf dieser Webseite.

In diesem Spiel haben wir wenig zu gewinnen und viel zu verlieren: Menschlichkeit, Wärme, Beziehungen. Dieselben Algorithmen, die jeden Schachgroßmeister schlagen, analysieren unablässig unsere Daten, um wieder und wieder im Kampf um unsere Aufmerksamkeit zu gewinnen und sie für einen Moment auf einen bestimmten Bereich des Displays zu lotsen.

Unter diesen Bedingungen klar zu denken und vernünftig zu diskutieren, ist »wie der Versuch, in einem Stripclub zu meditieren«, schreibt Chris Hayes. »Wir leben in einem Land voller Megafone, einer ohrenbetäubenden Geräuschkulisse, den wirbelnden Lichtern eines rund um die Uhr geöffneten Casinos, die uns anblinken – alles Teil eines Systems, das bis ins kleinste Detail darauf ausgelegt ist, unsere Aufmerksamkeit von uns selbst abzulenken, um Profit zu machen.«

Der »Aufmerksamkeitskapitalismus« habe die gleiche entmenschlichende Wirkung auf die Verbraucher wie die Fabrikhallen des industriellen Kapitalismus auf die Arbeiter, schreibt Chris Hayes.

Die stärksten Computer der Welt und die brillantesten Entwickler arbeiten daran, unsere Aufmerksamkeit

»Aufmerksamkeit ist die reinste Form der Großzügigkeit«
Simone Weil

aus unseren Köpfen zu fördern, als sei sie ein Bodenschatz. Der Wissenschaftshistoriker Graham Burnett vergleicht die Aufmerksamkeitsindustrie mit der Fracking-Industrie, die mit einem enormen technischen Aufwand Schieferöl aus tiefen Gesteinsschichten gewinnt. Große Mengen an Lösemitteln – sprich: digitalen Inhalten – würden unter hohem Druck in unsere Köpfe gepresst, um auch noch die letzten Reserven monetarisierbarer Aufmerksamkeit aus den Tiefen unseres Bewusstseins herauszuquetschen.

Der Kampf gegen dieses Fracking in unseren Köpfen darf nicht beim Ringen um die Screentime stehen bleiben. Das Ziel ist nicht nur, in weniger Rabbit-Holes auf TikTok zu fallen und ein paar Minuten länger konzentriert zu bleiben. Auf dem Spiel steht nicht nur die Aufmerksamkeit, die Fluglotsen und Bomberpiloten brauchen. Es geht darum, die Wurzel unseres Daseins mit all seinen Facetten zu verteidigen.

Was uns die Aufmerksamkeitsökonomie wirklich stiehlt, ist nicht die Quantität, sondern die Qualität unserer Aufmerksamkeit. Sie packt uns bei der schnellen, flirrenden Aufmerksamkeit, die sich leicht monetarisieren lässt, lockt uns mit dem Versprechen von Nähe und Anerkennung in parasoziale Beziehungen: in einseitige Scheinbeziehungen, in denen die Sehnsucht nie gestillt wird, was sie nur noch mehr befeuert.

Manchmal suchen Menschen oberflächliche Aufmerksamkeit. Aber sie sehnen sich nach tiefen Beziehungen, danach, dass jemand sie wirklich sieht und annimmt. »Das Problem ist, dass uns das praktische Wissen fehlt, wie wir einander die Aufmerksamkeit schenken können, nach der wir uns sehnen«, sagt der amerikanische Journalist David Brooks, dessen Buch *How to Know a Person. The Art of Seeing Others Deeply and Being Deeply Seen* gerade erschienen ist. »Manchmal scheint es, als hätten wir absichtlich eine Gesellschaft geschaffen, die den Menschen kaum Anleitung gibt, wie sie die wichtigsten Aktivitäten des Lebens ausführen sollen.« Das Ergebnis ist eine Epidemie der sozialen Unbeholfenheit. Man kann Stunden auf einer Party verbringen, sich mit den anderen Gästen unterhalten – ohne jemals wirklich etwas gefragt zu werden, ohne je echte Aufmerksamkeit zu erfahren oder selbst welche entgegenzubringen. Alle warten nur darauf, wieder selbst reden zu können.

Um zu verdeutlichen, was echte Aufmerksamkeit ausmacht, erzählt Brooks eine Geschichte aus den Bell Labs, dem legendären Industrielabor (ursprünglich der Telefongesellschaft AT&T) in New Jersey. Um das Jahr 1950 herum versuchten dessen Manager herauszufinden, warum manche ihrer Forscher und Ingenieure viel produktiver waren als andere. Sie gingen allen möglichen Vermutungen nach. Liegt es an der Ausbildung? An der Position im Unternehmen? An den Arbeitszeiten? Sie fanden nichts. Bis ihnen eine seltsame Gemeinsamkeit auffiel: Viele ihrer produktivsten Mitarbeiter hatten die Gewohnheit, mit einem Ingenieur namens Harry Nyquist in die Kantine zu gehen. Nyquist hatte die besondere Gabe, gut zuzuhören, sich in die Lage seiner Gesprächspartner zu versetzen, ihnen die richtigen Fragen zu stellen und so das Beste aus ihnen herauszuholen. David Brooks nennt solche Menschen »Erheller« *(illuminators)*: Sie bringen andere Menschen zum Leuchten. Das Gegenteil sind »Kleinmacher« *(diminishers)*: Menschen, die so auf sich selbst fixiert sind, dass sie anderen ein Gefühl der Bedeutungslosigkeit vermitteln. Sie wollen selbst leuchten, indem sie andere verdunkeln. Sie verteilen Stereotype und Etiketten. Wenn sie etwas über einen anderen Menschen erfahren, schöpfen sie daraus eine Reihe von Annahmen darüber, wer der andere sein muss. Also: Sei kein Kleinmacher. Sei ein Erheller! So wie Harry Nyquist in der Kantine. Und Ludwig Guttmann im Krankenhaus.

Die Welt der industrialisierten Aufmerksamkeit macht es Erhellern allerdings nicht leicht. Die Algorithmen von Instagram und X bevorzugen polarisierende, emotionalisierende Inhalte, weil sie hohe Interaktionsraten erzeugen. Provokationen und Abwertungen bringen in sozialen Medien mehr als ruhige, wertschätzende Beiträge. Es scheint zwar die ganze Zeit um Aufmerksamkeit zu gehen, aber echte Aufmerksamkeit findet selten statt. Diese beginnt mit Offenheit: mit »innerer Gastfreundschaft«, wie es die Musikerin Christina Thürmer-Rohr einmal nannte. Mit Interesse für die Welt, Interesse für andere Menschen. Was das bedeutet, hat die französische Philosophin Simone Weil in den 1940er-Jahren durchdacht. Für sie war die Aufmerksamkeit *(l'attention)* das Zentrum allen menschlichen Strebens. »Die echten und reinen Werte des Wahren, Schönen und Guten im Tun und Handeln eines Menschen werden durch ein und denselben Akt hervorgebracht: durch eine gewisse Anwendung der Fülle der Aufmerksamkeit auf den Gegenstand«, schrieb sie.

Aufmerksamkeit, wie Weil sie verstand, ist das Gegenteil des digitalen Geflimmers: »Aufmerksamkeit besteht darin, sein Denken anzuhalten, es verfügbar, leer und durchlässig für den Gegenstand zu lassen, das erworbene Wissen, das man verwenden muss, in sich selbst in der Nähe des Denkens zu behalten, aber auf einer niedrigeren Ebene und ohne Kontakt zu ihm.« Es geht gerade nicht darum, zu analysieren und zu beurteilen, sondern darum, den Mut aufzubringen, andere Menschen und Dinge unverfälscht an sich heranzulassen. Aufmerksamkeit bedeutet, auf Empfang zu sein.

Wem das gelinge, dem stehe alles offen, was Menschen wichtig sei, war Weil überzeugt: das Schöne, das Gute, die Liebe. »Der Dichter bringt das Schöne hervor, indem er seine Aufmerksamkeit auf etwas Wirkliches richtet. Ebenso verhält es sich mit der Handlung der Liebe. Zu wissen, dass dieser Mensch, der hungert und

Das Geschenk der Aufmerksamkeit

1. TEIL: WANN AUFMERKSAMKEIT ZUR WARE WURDE – UND WIE WIR SIE ZURÜCKEROBERN
(in dieser Ausgabe)

2. TEIL: WAS WIR VON KINDERN ÜBER AUFMERKSAMKEIT LERNEN KÖNNEN UND WIE WIR SIE IHNEN RICHTIG SCHENKEN
(erscheint am 17. Oktober)

3. TEIL: AUFMERKSAMKEIT FÜR SICH SELBST – WIE VIEL IST GESUND?
(erscheint am 12. Dezember)

dürstet, wirklich genauso existiert wie ich – das genügt, das Weitere ergibt sich von selbst.«

Simone Weil lebte, was sie lehrte. Als der Erste Weltkrieg ausbrach, weigerte sich die fünfjährige Simone, Zucker zu essen, aus Mitgefühl mit den Soldaten an der Front, die diesen Genuss auch nicht hatten. In den 1930er-Jahren brach sie bei der Lektüre einer Zeitung in Tränen aus, als sie einen Artikel über Kinder las, die in China an Hunger sterben. Und schuftete dann monatelang in mehreren Fabriken als ungelernte Arbeiterin am Fließband, um die Auswirkungen dieses Wirtschaftssystems auf die arbeitenden Menschen am eigenen Leib zu erfahren und zu spüren.

Simone Weils radikale Aufmerksamkeit muss niemand kopieren. Aber ihre Einsicht über den Wert der Aufmerksamkeit gilt für alle: »Aufmerksamkeit ist die seltenste und reinste Form der Großzügigkeit«, sagte sie.

Wir können nicht in die Welt von früher zurück. Der Zug ist abgefahren. Wir leben nun mal in einer Technologiewelt. Digital Detox und Nachrichtendiät sind Rückzugsgefechte in einem bereits verlorenen

Es kommt darauf an, in einer Welt der kommerzialisierten Ablenkung Raum für echte Präsenz zu schaffen

Kampf. Der vielversprechendere Weg besteht darin, in einer Welt der kommerzialisierten Ablenkung Raum für echte Präsenz zu schaffen. Es ist nicht gefährlich, ein Handy in der Tasche zu haben. Gefährlich wird es, wenn das Handy seinen Besitzer in der Tasche hat.

In den 2020er-Jahren haben viele Menschen die Souveränität über ihre Aufmerksamkeit verloren. In der Politik dominieren Populisten wie Donald Trump, die sehr geschickt darin sind, Aufmerksamkeit zu kapern. Mit einem Tabubruch nach dem anderen halten sie das Publikum in Atem, während sie im Hintergrund still und heimlich die Spielregeln ändern. Algorithmen und Bots verstärken den Eindruck, als interessiere sich niemand mehr für den Klimawandel, als gehe alles nur noch um Migration. Viele Medien spielen mit: Was in den sozialen Medien trendet, schafft es häufig in die Schlagzeilen, wird in Talkshows diskutiert und landet dann, gestärkt, wieder in den sozialen Medien. Ein Perpetuum mobile der Aufmerksamkeit.

Wir haben jeden Tag ein begrenztes Kontingent an Aufmerksamkeit zur Verfügung. Wollen wir sie uns wirklich von denen stehlen lassen, die am lautesten schreien? Oder sie denen schenken, die still und beharrlich an einer besseren Welt arbeiten?

Es wäre zu einfach, die Verantwortung für eine bessere Kultur der Aufmerksamkeit allein den einzelnen Menschen zuzuschieben. Sie liegt auch bei Institutionen und Konzernen – auch abseits der Betreiber von Social-Media-Plattformen. Der deutsche Medienwissenschaftler Stephan Russ-Mohl, der Generationen von Journalistinnen und Journalisten ausgebildet hat, diagnostiziert »eine neue Kategorie von Aufmerksamkeitskrise«: eine fundamentale Veränderung darin, wie Aufmerksamkeit in den Medien erzeugt und vergeben wird. In der Medienbranche habe sich eine »Doppelmoral« breitgemacht, beklagt Russ-Mohl – auch bei der ZEIT. Medien beklagen einerseits die Aufmerksamkeitskrise, nehmen aber andererseits aktiv daran teil. »Die ZEIT veröffentlicht kritische Artikel über Donald Trump und registriert gleichzeitig genau, welche Schlagzeilen – zum Beispiel mit dem Wort ›Trump‹ – die meisten Klicks generieren«, sagt Stephan Russ-Mohl. Er plädiert für eine Besinnung auf »Wahrheitssuche« als das eigentliche Ziel des Journalismus. Zu oft nähmen Journalistinnen und Journalisten eine »Haltung« zu Themen ein, statt sich dem Thema selbst zu widmen, mit dem Ziel, ihr Publikum zu provozieren und zu bevormunden. So fördern sie noch, was sie beklagen.

Um von reizgesteuerter Aufmerksamkeit zu voller Aufmerksamkeit zu finden, unterscheidet der Medienwissenschaftler Bernhard Pörksen zwei Arten des Zuhörens: Das »Ich-Ohr« und das »Du-Ohr« nennt er sie. Das »Ich-Ohr« ist die egozentrische Aufmerksamkeit: Man hört vor allem sich selbst und filtert alles durch die eigenen Perspektiven. Das »Du-Ohr« dagegen ist geleitet von der Frage: »In welcher Welt ist es wertvoll und wahr, was der andere mir erzählt?« Diese Unterscheidung ist mehr als eine hübsche Metapher. Sie bietet einen konkreten Weg, sich bewusst von der egozentrischen zur empathischen Aufmerksamkeit zu bewegen. Wir haben diese beiden Ohren. Die Krise der Aufmerksamkeit liegt nicht darin, dass wir taub sind, sondern darin, dass wir mit dem falschen Ohr hören und ins falsche Ohr sprechen.

»Ich bin ganz bei dir« – dieser Satz muss häufiger fallen: »Du bist mir gerade besonders wichtig«, »Alles andere kann ich jetzt ausblenden«, »Es geht mir gerade nicht um mich, nicht um meine Befindlichkeiten und Vorurteile«, »Es geht um dich«. Aufmerksamkeit ist eine Befreiung aus der narzisstischen Eigendrehung, in die soziale Medien ihre Nutzer versetzen.

Dazu braucht es keine Medien-Nulldiät. Auch Simone Weil las Zeitung – und schrieb für Zeitungen. In einer Welt der seichten Aufmerksamkeit ist volle Aufmerksamkeit ein Akt der Rebellion. Sie ist nicht käuflich. Wer Aufmerksamkeit zu schenken weiß, dem kann sie nicht gestohlen werden. ■

Tobias Hürter sieht erst jetzt, wie eng »Geschenk« und »Aufmerksamkeit« sprachlich zusammenhängen. Man »schenkt« Aufmerksamkeit – und Geschenke sind »eine Aufmerksamkeit«.

In unserer Welt ist volle Aufmerksamkeit ein Akt der Rebellion

Gewitter

Die Luft ist wie elektrisiert, der Himmel wird schwarz: Menschen und Tiere spüren, dass es gleich blitzt und donnert. Höchste Zeit für erhellende Fakten zu dem Wetterphänomen

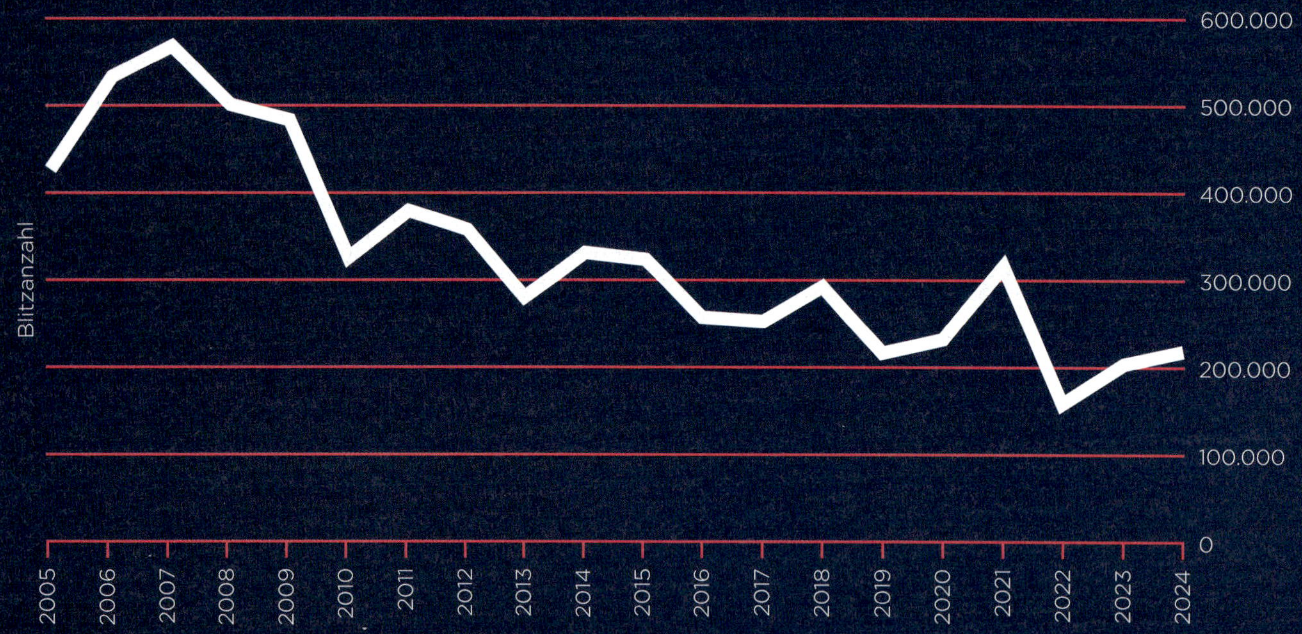

Oben: Anzahl der **Erdblitze** über Deutschland. Die Gesamtanzahl der Blitze hierzulande steigt: 1,5 Millionen gab es 2024, die größte Anzahl seit 2018. Weltweit sind zu jeder Zeit rund 2.000 Gewitter im Gang, etwa 100 Blitze schlagen jede Sekunde auf der Erde ein

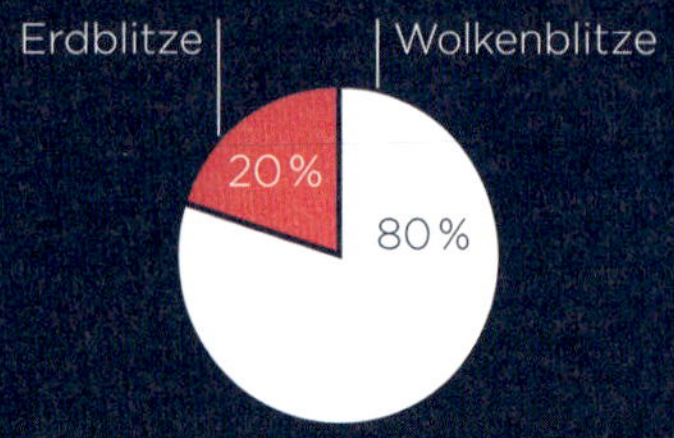

Verteilung der **Blitzarten.** Erdblitze erreichen den Boden, am meisten blitzt es in den Wolken

Rosenheim
2,98 = höchste Dichte

Frankfurt
1,32 = höchste Dichte unter Großstädten

München
1,16 = höchste Dichte unter Landeshauptstädten

Hamburg
0,92 = höchste Dichte unter Bundesländern

Bayreuth
0,11 = niedrigste Dichte

Blitzdichte in verschiedenen Städten (Blitzeinschläge pro Jahr und Quadratkilometer)

Infografik *Mirko Merkel* Quellen *ALDIS/BLIDS, ARD-Wetterkompetenzzentrum, DEMVT, Deutscher Wetterdienst, Europäische Unwetterdatenbank (ESWD, www.eswd.edu), GDV, GfK, Apotheken-Umschau, Wikipedia. *Nicht exakt 100 Prozent durch Rundungen*

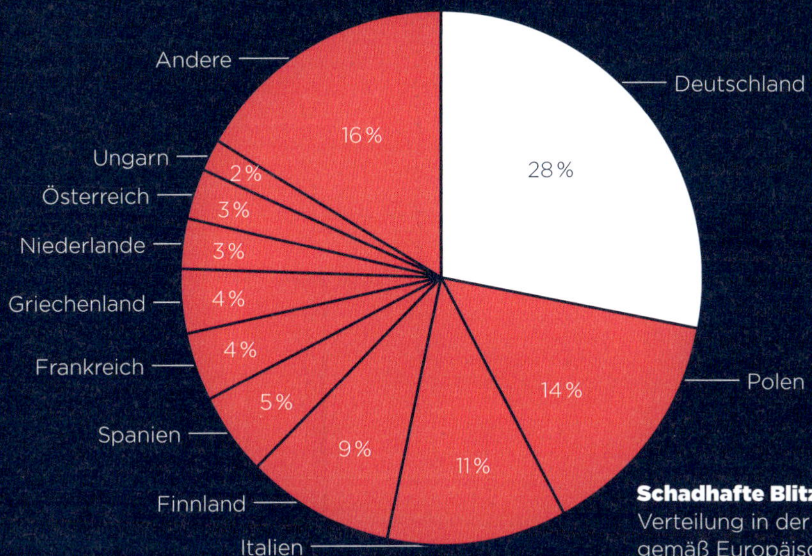

Schadhafte Blitze,
Verteilung in der EU gemäß Europäischer Unwetterdatenbank*

1753

erfand der von Elektrizität faszinierte Benjamin Franklin den **Blitzableiter**

8 x

soll der US-Amerikaner **Roy Sullivan** vom Blitz getroffen worden sein – und stets überlebt haben. Sein Spitzname: »Blitzableiter von Virginia«

Astraphobie

Fachbegriff für **Angst vor Gewitter.** Sie trifft Menschen und Tiere

768 km

lang war der bislang **längste gemessene Blitz** (im April 2020 über den US-Staaten Texas, Louisiana und Mississippi)

$$\textbf{Entfernung des Gewitters (in km)} = \frac{\textbf{Sekunden zwischen Blitz und Donner}}{\textbf{3}}$$

30.000 °C

heiß kann die **Luft** um einen Blitz herum innerhalb von Mikrosekunden werden – das ist die sechsfache Temperatur der Sonnenoberfläche

183

Gewittertage gab es in Deutschland 2024 insgesamt. Ihre Zahl ist nach Süden hin und in den Bergen höher

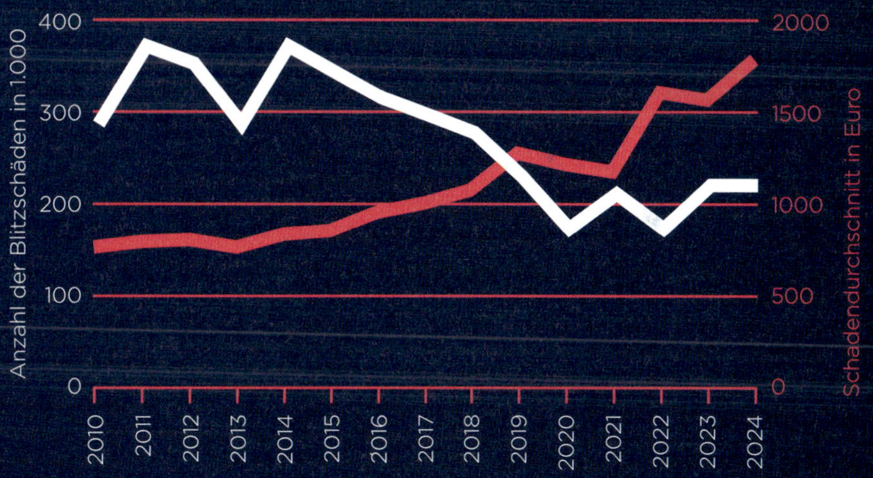

Anzahl der Fälle in Deutschland, bei denen es **Schäden durch Blitze** gab. Rund 220.000 waren es 2024, das heißt: einer alle 2,5 Minuten

Der **Schadendurchschnitt** steigt, auch weil Gebäude immer teurer ausgestattet sind. Versicherer zahlten im Jahr 2024 im Schnitt für jeden Blitzschaden rund 1.600 Euro

Verhältnis
zu Gewittern. 54 Prozent der Männer mögen Blitz und Donner (bei Frauen: 30 Prozent)

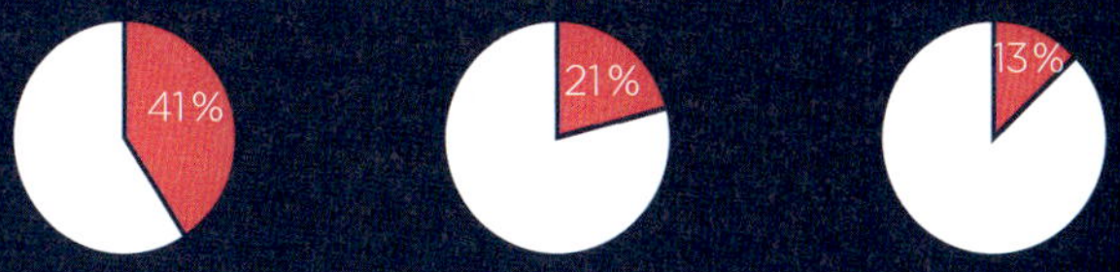

»Gewitter faszinieren mich«

»Sie machen mir Kopfschmerzen oder Kreislaufprobleme«

»Gewitter lösen bei mir Ängste bis hin zu Panikattacken aus«

»Solange wir noch ums Rechthaben

streiten, geht es dem Recht gut«

DAS ZEIT WISSEN GESPRÄCH

Diese Frau kämpft für die Einhaltung der Menschenrechte. Ihre Waffe: nichts als das Argument. Das internationale Völkerrecht, sagt sie, sei ein Experiment auf hoher See. Ob es sicher im Hafen ankommt, wisse man nicht

Angelika Nußberger

Interview Niels Boeing und Katrin Zeug   Fotos Patricia Kühfuss

Liebe Frau Nußberger, in der Antike hatten die Römer Justitia, die Göttin der Gerechtigkeit und des Rechts. Wenn das Recht eine Person wäre, wie ginge es ihr heute?
Gut, würde ich sagen, denn jeder will recht haben, und es wird heftig darum gestritten; das Recht steht im Mittelpunkt. Um ein extremes Beispiel zu nennen: Selbst Putin hat, um seinen Krieg gegen die Ukraine zu rechtfertigen, historisch, politisch, aber eben auch juristisch argumentiert. Er hat auf Rechtsverstöße der Ukraine hingewiesen und gesagt, Russland habe das Recht auf Selbstverteidigung. Das hat mich verblüfft. Denn es zeigt, dass das Recht in der Politik nach wie vor ein Instrument ist, das nicht vergessen wird.

Sie meinen, das Recht ist lebendig, solange wir noch darum ringen. Auch wenn es falsch ausgelegt wird?
Wenn es entstellt wird, können wir immerhin widersprechen. Schlimmer finde ich persönlich, wenn man so tut, als gäbe es gar kein Recht, keine Rechtsprinzipien, die allgemeingültig sind. So wie es Trump tut. Putin geht dagegen von Begriffen wie Selbstverteidigungsrecht oder Selbstbestimmungsrecht der Völker aus, die wir alle als Grundlage unserer internationalen Ordnung anerkennen. Er dreht sie nur in einer Art und Weise um, dass sie das Gegenteil von dem bedeuten, was wir darunter verstehen würden. Noch schlimmer aber wäre es, wenn er sagen würde: Ich greife an, einfach nur, weil ich militärisch stärker bin und es kann.

Am Ergebnis ändert es aber nichts – in der Ukraine herrscht seit dreieinhalb Jahren Krieg.
Es ändert etwas daran, wie die Staaten ringsum darauf reagieren. Der Westen hätte die Ukraine nie in der Art unterstützt, wie er es getan hat, wenn nicht alle felsenfest überzeugt wären, dass Russland völkerrechtswidrig handelt. Und dass das Völkerrecht selbst als internationale Ordnung in Gefahr ist. Insofern ist das Recht nach wie vor eine Art Raster, in das ein Vorgang eingeordnet und nach dem geprüft wird: rechtmäßig oder rechtswidrig?

Die Göttin Justitia trägt in den meisten Darstellungen eine Waage. Genau genommen steht sie nicht für das Recht an sich, sondern für das Richten, die Justiz. Droht ihr doch multiples Organversagen?
Wenn Sie unter Justitia die Justiz verstehen, dann geht es ihr tatsächlich nicht gut. Für mich gibt es eine echte Krise: Zwar waren am Internationalen Gerichtshof in Den Haag (IGH) und am Europäischen Gerichtshof für Menschenrechte in Straßburg (EGMR) noch nie so viele Fälle zu Kriegen anhängig wie gegenwärtig. Der Georgienkrieg, der Russlandkrieg, der Gazakrieg – sie alle sind vor Gericht gebracht worden. Aber, jetzt kommt das dicke Aber: Die Eilentscheidungen sind fast durchgehend nicht beachtet worden. Der IGH hat dreimal zum Gazakrieg einstweilige Anordnungen erlassen. Sie haben nichts bewirkt. Der EGMR hat Anordnungen zu Ukraine und Russland getroffen, zu Georgien – das ist alles ignoriert worden. Da sorge ich mich schon um meine Patientin: Der internationalen Justiz geht es nicht gut, weil ihre Autorität unterminiert wird.

War das in der Vergangenheit anders?
In meiner Zeit am Europäischen Gerichtshof für Menschenrechte, 2011 bis 2019, war Russland noch Mitglied der Europäischen Menschenrechtskonvention. Also verhandelten wir auch zu den Tschetschenienkriegen und zu sonstigen Verstößen Russlands. Wenn von den russischen Behörden in Moskau eine LGBTQ-Demonstration verboten worden war, sagte der EGMR, dass dies eine Verletzung der Versammlungsfreiheit sei, und legte eine Strafzahlung fest, 20.000 Euro zum Beispiel. Unser Spruch war damals: *»Russia always pays.«* Russland hat zwar seine Gesetze nicht geändert, aber es hat die Urteile zumindest insofern anerkannt, als es – mit wenigen Ausnahmen – immer gezahlt hat. Im Budget waren sogar extra Gelder reserviert, für diese Schadensersatzzahlungen. Bis Russland dann eben aus der Konvention ausgetreten ist.

> »Internationale Strafjustiz wird gern gesehen, wenn sie sich gegen Menschen richtet, die auf der anderen Seite stehen, wie Putin. Aber wenn dem nicht so ist, wie bei Netanjahu, wird es schwierig«

Justitia hält nicht nur eine Waage in der einen, sondern auch ein Schwert in der anderen Hand. Bräuchte die Justiz einen eigenen Vollstreckungsmechanismus?
In Deutschland hat die nationale Justiz ja so etwas: Bei Entscheidungen, die endgültig sind, gibt es die Möglichkeit der Zwangsvollstreckung, durchgeführt von Gerichtsvollziehern. Das gibt es im Völkerrecht nicht. Für den EGMR kann immerhin der Ministerrat des Europarats politisch einschreiten und dafür sorgen, dass die Urteile

umgesetzt werden, allerdings auch nicht immer mit Erfolg.

Gibt es Ideen, wie der Internationale Strafgerichtshof mehr Gewicht bekommen könnte? Damit Menschenrechte auch im Krieg eingehalten werden?

Diese Frage stelle ich mir sehr intensiv. Die internationale Strafjustiz wird gern gesehen, wenn sie sich gegen Menschen richtet, die auf der anderen Seite stehen, wie Putin. Aber wenn dem nicht so ist und die Politik plötzlich vor einem Dilemma steht wie jetzt bei Netanjahu, wird es schwierig. Ich glaube, die Menschen wünschen sich in der Tat, dass nicht nur die kleinen Ladendiebe bestraft werden, sondern auch diejenigen, die Unheil über ganze Länder bringen. Das entspricht einem grundlegenden Bedürfnis nach Gerechtigkeit. Allerdings muss das richtige Modell erst noch erfunden werden. Den Internationalen Strafgerichtshof gibt es noch nicht sehr lange, er ist ein Experiment, und gerade ist es ein Experiment auf hoher See, bei dem wir nicht wissen, ob das Schiff sicher in den Hafen einlaufen wird.

Auch das Bundesverfassungsgericht wurde schon ignoriert: Es hat Teile des Klimaschutzgesetzes für verfassungswidrig erklärt, weil sie die Freiheitsrechte künftiger Generationen verletzen. Es verpflichtete den Gesetzgeber, bis Ende 2022 nachzubessern. Aber bis heute ist nicht genug passiert, sagen Fachleute.

Auch das Bundesverfassungsgericht hat niemanden, der seine Urteile vollstreckt. Wenn Bundestag und Regierung die Urteile nicht umsetzen, ist das ein großes Risiko für das Gericht, weil es seine Glaubwürdigkeit verlieren könnte.

Hat die Gewaltenteilung einen Konstruktionsfehler? Basiert sie auf »good will«?

Bisher hat sich die Gesetzgebung im Großen und Ganzen an die Urteile gehalten und die Gesetze entsprechend geändert. Das hat die Autorität des Bundesverfassungsgerichts gestärkt. Man wusste, wenn die Richter etwas sagen, wird es auch so geschehen. Aber das Funktionieren unseres Rechtssystems beruht in der Tat vor allem auch auf Gewohnheit und Vertrauen. Spätestens wenn eine Partei käme, die behauptete, ihr sei egal, was das Bundesverfassungsgericht sagt, sie habe die Mehrheit, würden wir merken, dass unser System möglicherweise nicht genug Zähne hat.

Genau das können wir derzeit in den USA beobachten. Hat Trump eine Lücke im amerikanischen Rechtssystem gefunden und räumt es jetzt ab?

Das Gefühl hat man. In dem Buch *How Democracies Die* von den Harvard-Professoren Steven Levitsky und Daniel Ziblatt wird sehr gut analysiert, wo diese Schwachstellen im System sind. Dass die Exekutive per Dekret entscheidet, war eigentlich als Ausnahme gedacht. Nun wird es zur Regel.

Und das höchste Gericht der USA, der Supreme Court, entscheidet mit seiner – von Trump arrangierten – konservativen Mehrheit immer wieder zu Trumps Gunsten. Kann so etwas bei uns auch passieren?

Wir haben den »Vorteil«, dass wir gerade in vielen anderen Ländern betrachten können, was passieren kann, und daraus lernen können. Wir brauchen uns nichts vorzumachen – wir sehen, wie die Justiz demontiert wird. Wir sehen auch, dass vieles von dem, was wir wehrhafte Demokratie nannten, nicht so funktioniert, wie wir uns das vorgestellt haben. Ein Beispiel: Artikel 18 des Grundgesetzes besagt, dass das Bundesverfassungsgericht einer Person die Grundrechte entziehen kann – wenn sie diese missbraucht, um gegen die demokratische Grundordnung zu kämpfen. Die Meinungsfreiheit zum Beispiel oder die Versammlungsfreiheit. Zuletzt wurde das hinsichtlich des rechtsextremen AfD-Politikers Björn Höcke diskutiert.

Aber dann doch nicht gemacht.

Man hat gemerkt, dass es dazu gar keine Praxis gibt. Obwohl es Anträge gab, hat das Bundesverfassungsgericht noch nie eine Grundrechteverwirkung ausgesprochen. Es ist vollkommen unklar, unter welchen Voraussetzungen das möglich wäre und ob überhaupt dieser Artikel mit unserer Grundrechtskonzeption vereinbar ist. Das gilt auch für ein zweites Instrument: das viel diskutierte Parteienverbot.

Das Bundesverfassungsgericht hat erst zweimal eine Partei verboten: 1952 eine Nachfolgeorganisation der NSDAP und 1956 die Kommunistische Partei Deutschlands. Bei der NPD hat es bisher alle Anträge abgelehnt, trotz klarer verfassungsfeindlicher Ziele.

Das Problem ist, entweder man versucht es ganz am Anfang, aber dann heißt es, die Partei sei noch zu klein, um bedrohlich zu

Angelika Nußberger, geboren 1963 in München, ist Inhaberin des Lehrstuhls für Verfassungsrecht und Völkerrecht an der Uni Köln. Von 2011 bis 2019 war sie Richterin, die letzten Jahre davon auch Vizepräsidentin, am Europäischen Gerichtshof für Menschenrechte

sein. Wie zuletzt bei der NPD. Oder man wartet ab – und dann ist die Partei eventuell schon so groß, dass es heißt: Man würde mit einem Verbot einem beachtlichen Teil der Bevölkerung, der für die Partei gestimmt hat, das politische Ventil wegnehmen. Wie bei der AfD. Und das ist auch problematisch.

All diese Instrumente sind aus der Erfahrung der Weimarer Republik geschaffen worden. Um die Demokratie zu schützen.
Wir haben uns lange damit beruhigt, diesen Instrumentenkasten zu haben, aber nicht anwenden zu müssen. Und jetzt stellen wir fest, dass die Instrumente über die Zeit Rost angesetzt haben oder vielleicht nie so gut waren, wie wir gedacht hatten.

Was würden Sie nachbessern?
Der erste wichtige Schritt war, das Grundgesetz in Bezug auf das Bundesverfassungsgericht zu ändern. Es gab vieles, was zuvor im Grundgesetz nicht geregelt war; die Lücken hätten ausgenutzt werden können. Im Dezember letzten Jahres änderte der alte Bundestag die entsprechenden Artikel 93 und 94 noch mit der Zweidrittelmehrheit.

Was müsste jetzt noch getan werden?
Hochproblematisch ist das Verhältnis zwischen Justizminister und Generalstaatsanwalt. Wenn eine antikonstitutionelle Regierung an die Macht kommt, beauftragt sie oft als Erstes den Generalstaatsanwalt, Verfahren gegen die Oppositionspolitiker zu eröffnen und sie, wenn möglich, ins Gefängnis zu bringen. Das ist gewissermaßen der »Klassiker«. Auch in Deutschland darf der Justizminister dem Generalbundesanwalt Weisungen erteilen. Das ist gefährlich.

Wie steht es um die nationale Justiz anderer europäischer Länder?
Korruption ist ein großes Thema: Die Vorwürfe gegen die Gerichte und Versuche, Richter zu entlassen, weil sie korrupt seien, führen dazu, dass an manchen Gerichten überhaupt keine Richter mehr sind. Zum Teil sind auch diejenigen, die die Korruption bekämpfen sollen, korrupt.

Das klingt nicht gut.
Da das in der Tat ein allgemeines Phänomen in der Mehrzahl der Länder Osteuropas und auch den westeuropäischen Staaten nicht ganz fremd ist, würde ich sagen: Auch der nationalen Justiz geht es nicht gut. Vertrauen ist ein wertvolles Gut, und es kann schnell verspielt werden.

Unterminiert ein Parteiengeschacher, wie jüngst bei der Neubesetzung der Stelle der Bundesverfassungsrichterin, das Vertrauen in die Unabhängigkeit der Gerichte?
Das war nicht zum ersten Mal so, auch wenn es noch nie so sichtbar war wie jetzt. Bei dem SPD-Kandidaten Horst Dreyer war es 2008 dasselbe, sogar die Vorwürfe gegen ihn waren ähnlich. Eine Hexenjagd. Es ist eben das Grundproblem der Justiz: Richter sollen unabhängig sein, aber es sind Menschen wie andere auch, von Erfahrungen geprägt, meinungsstark. Und Recht ist nicht starr und auch nicht eindeutig, es kann unterschiedlich ausgelegt werden. Um ein Beispiel zu nennen: Das Bundesverfassungsgericht hat ein »Recht auf ein selbstbestimmtes Sterben« erfunden, das steht nicht im Grundgesetz. Es lässt sich vielleicht aus dem Text ableiten, aber man muss es nicht so sehen. Diese Grundproblematik – nicht nur, wie das Grundgesetz ausgelegt wird, sondern auch, wer es auslegt – ist jetzt als große Frage ins öffentliche Bewusstsein gerückt worden, wird aber missverstanden und in einem negativen Licht gesehen. Das ist sehr bedauerlich.

Kann es überhaupt Gerechtigkeit geben?
Wir sind immer unterwegs zur Gerechtigkeit. Und das ist auch wichtig. Manches ist für die einen gerecht und für die anderen nicht, es hat viel mit dem subjektiven Empfinden zu tun. Aber wir müssen uns immer bemühen, eine optimale Akzeptanz dessen, was für gerecht gehalten wird, in der Gesellschaft zu erreichen.

Was gefährdet das?
Zum Beispiel, wenn sich die Rechtsprechung ändert. Das Recht muss sich zwar weiterentwickeln, aber die Rechtsprechung muss in sich konsistent bleiben. Die Entscheidung, die dem Bundesverfassungsgericht am meisten vorgeworfen wird, war die zu Homosexuellen. 1958 urteilte das Gericht, dass die Bestrafung von homosexuellen Handlungen nicht gegen das Grundgesetz verstößt. Heute wird dies für die schlechteste Entscheidung des Bundesverfassungsgerichts gehalten.

Da war das Gericht wohl vom Zeitgeist beeinflusst.
Das ist der Vorwurf. Dem Gesetzgeber gesteht man eher zu, den Wählern gefallen zu wollen – und zur Not, bei besserer Einsicht, noch mal nachzubessern. Aber von

»Richter sollen unabhängig sein, aber es sind Menschen wie andere auch, von Erfahrungen geprägt. Und Recht ist nicht starr, es kann unterschiedlich ausgelegt werden«

Gerichten erwarten die Menschen gute Argumente, die dauerhaft überzeugen. Das ist ein sehr hoher Anspruch, den die Justiz auch selbst erweckt. Um Rechtsfrieden zu erlangen, erwachsen Urteile in Rechtskraft, die grundsätzlich nicht mehr geändert werden können. Nur: Gerichte irren sich halt auch.

Die Erwartung an die Person des Richters oder der Richterin ist, dass sie objektiv urteilt. Justitia trägt als Symbol dafür eine Augenbinde. Wie soll das bei echten Menschen funktionieren?

Wir versuchen in der Ausbildung zu vermitteln, dass man Gesetze zwar unterschiedlich auslegen kann, aber nie unterschiedlich für unterschiedliche Menschen oder Gruppen. Das ist ganz wichtig für das Recht: Wenn wir den einen etwas zugestehen, müssen wir es den anderen auch zugestehen. Um unabhängig zu sein, habe ich immer die Gedankenakrobatik gemacht, einen Fall auf eine ganz andere Situation zu übertragen. Also zum Beispiel eine herabwürdigende Stellungnahme gegen eine Religion im Geiste auf eine andere Religion zu beziehen, in der Hoffnung, festzustellen, ob ich voreingenommen bin.

Gibt es Mittel und Wege, einzelne Richter dabei zu unterstützen, fair zu sein?

Die wirklich wichtigen Entscheidungen treffen wir im Kollektiv, am EGMR mit 17 Richterinnen und Richtern. Dann relativieren sich Vorlieben und Lebenserfahrungen, etwa Kinder zu haben oder Armut erlebt zu haben und sich dementsprechend in bestimmte Situationen hineinversetzen zu können oder eben nicht. Deshalb ist es gut, wenn immer möglichst unterschiedliche Menschen richten. Je bunter und unterschiedlicher, desto besser, auch beim Alter: Am EGMR waren die Jüngsten 33 Jahre alt, die Ältesten 70.

Gott spielt eine zentrale Rolle in unserem Grundgesetz. Im ersten Satz der Präambel heißt es: »Im Bewusstsein seiner Verantwortung vor Gott und den Menschen (...) hat sich das deutsche Volk (...) dieses Grundgesetz gegeben.«

Ich würde annehmen, dass man sich heutzutage nicht mehr auf eine derartige Formulierung einigen würde. Bei der polnischen Verfassung ist die Präambel sehr gelungen. Obwohl Polen ein sehr katholisches Land ist, bei dem man eigentlich einen noch deutlicheren Gottesbezug erwarten würde, heißt es da: »von dem Wahren, Schönen und Guten, das diejenigen, die glauben, aus Gott ableiten können und diejenigen, die nicht glauben, aus anderen Quellen«. Das finde ich visionär. Eine Verfassung soll alle mitnehmen. Die Religionsfreiheit ist daher gleichzeitig die Freiheit, keine Religion zu haben. Meine französischen Kollegen sind immer entsetzt über die Präambel des deutschen Grundgesetzes, weil sie ein streng laizistisches Verständnis haben, nach dem Staat und Religion strikt voneinander zu trennen sind.

Warum haben Sie Jura studiert?

Tatsächlich war mein Großvater Jurist. Aber er ist 1953 gestorben, ich habe ihn weder kennengelernt, noch könnte ich behaupten, dass er mich geprägt hat. Ich komme aus einer mathematisch-technischen Familie und habe erst slawische Sprachen und Literaturwissenschaft studiert. Der Auslöser war mein erster Aufenthalt in Russland, 1985: dieses Erleben einer vollkommen anderen Welt, die in nichts der Welt glich, in der ich aufgewachsen war, in Bayern. Die Sowjetunion hat mich mit ihrem Anderssein fasziniert, und ich habe gemerkt: Wenn ich die Sprache kann und literarische Texte analysiere, verstehe ich die Menschen vielleicht. Aber ich wollte mitgestalten, ich wollte dafür ein Instrument haben, und so kam ich zum Recht. Ich war keine Frühberufene, die als Kind schon gesagt hätte, dass das ihr Beruf ist.

> Guter Grundsatz: »Audiatur et altera pars« – man höre auch die andere Seite

Was gefällt Ihnen am Richterberuf?

Als Anwältin müsste ich eine Partei vertreten und einseitig Argumente für deren Position vorbringen. Ich fühle mich wohl, wenn es heißt *»Audiatur et altera pars«:* Man höre auch die andere Seite.

In der Öffentlichkeit herrscht zum Teil die Vorstellung, dass das Recht zu kompliziert ist, teuer, langsam. Was sagen Sie dazu?

Ja, gute Entscheidungen zu finden, ist nicht immer leicht und wird auch in der Regel nicht im Schnellverfahren erreicht. Ich habe ein Kinderbuch geschrieben, um zu zeigen, dass das Abwägen unterschiedlicher rechtlicher Positionen wichtig ist. Es ist nicht alles schwarz-weiß. Über das Recht muss man nachdenken. Das kann man auch an einfachen Geschichten zeigen.

In Ihrem ersten Kapitel geht es um den Zwergenweitwurf: Eine Gruppe kleinwüchsiger Menschen erfand ein Spiel, bei dem andere sie wie Bälle werfen durften, gegen Geld. Die Behörden verboten das: Es verstoße gegen die Menschenwürde.

Man kann natürlich sofort die Perspektive einnehmen, dass man so etwas nicht tun darf. Aber hört man die Stimme der kleinwüchsigen Menschen, sagen sie: Wieso? Wir bestimmen selbst, was unsere Würde ist, und wir wollen mit dem Weitwurf Geld verdienen. Wieso bestimmt ihr über uns? Auf einmal sieht es ganz anders aus.

Was ist Ihre Meinung dazu?

Ich würde dem subjektiven Empfinden, über die Würde selbst bestimmen zu dürfen, den Vorrang geben. Das ist auch aus der Frauenperspektive interessant. Die Diskussion um Schutzbestimmungen für Frauen war am Anfang auch gegen die Frauen gerichtet. Eine der weltweit ersten internationalen sozialen Konventionen war 1906 das Verbot der Nachtarbeit von Frauen. Zu ihrem Schutz, hieß es. Die schwedischen Frauen protestierten dagegen, sie sagten: Wir verdienen in der Nacht viel mehr, wegen der Sonderzulagen – und wieso bestimmt ihr eigentlich, wann wir arbeiten dürfen? Der Europäische Gerichtshof hat dann 1991 geurteilt, das Verbot sei diskriminierend. Alle Staaten der EU, die entsprechende Schutzkonventionen ratifiziert hatten, mussten sie aufkündigen. Und ich habe das Problem auch selbst erlebt: Als ich als Referendarin schwanger wurde, sagte man mir, ich dürfe nicht mehr arbeiten. Ich entgegnete, dass ich mein Examen machen wollte und mich wohlfühlte, dass ich gerne selbst bestimmen wollte, was für mich und mein Kind das Beste ist. Aber der Mutterschutz war obligatorisch.

Gibt es Situationen, in denen es besser wäre, gar kein Urteil zu fällen?

Das überlege ich mir in der Tat oftmals. Denn wenn ein Urteil gefällt und damit festgelegt wird, was auf der Grundlage der

Alle Deutschen haben das Recht zum Widerstand, wenn andere Abhilfe nicht möglich ist. Das steht im Grundgesetz. Was heißt das konkret? Wann dürfen wir auf die Barrikaden?

Grundrechte rechtens ist, dann geht Spielraum verloren. Politiker können ihre Gesetze ändern oder zurückziehen, wenn sie merken, dass sie in Wirklichkeit nicht funktionieren. Ich denke manchmal, wenn etwas politisch offengehalten werden würde, statt es mit verfassungsrechtlichen oder grundrechtlichen Begriffen festzuzurren, dann wäre vielleicht das weitere Gestalten in der Gesellschaft einfacher. Auf der anderen Seite ist es eben auch manchmal gut, rote Linien zu ziehen. Zu sagen: So ist das Recht und nicht anders, das ist unser Maß.

Darf ein Gericht entscheiden, nicht zu entscheiden?

Normalerweise nicht. Als ich in Straßburg war, hing immer dieses Damoklesschwert über uns: Ist ein Fall erst einmal da, musst du urteilen. Die einzige Möglichkeit ist, einen Fehler im Antrag zu finden und ihn für unzulässig zu erklären. Aber im Prinzip kann man als Richterin nicht nicht entscheiden. Am Ende jeder Beratung kommt die Abstimmung, und dann heißt es: *»yes«* oder *»no«*. Es gibt kein Drittes.

Ist es jemals vorgekommen, dass ein Gericht ein Urteil verweigert hat?

Ich kann Ihnen ein Beispiel geben, bei dem ein Gericht tatsächlich einmal nicht entschieden hat, nämlich der Internationale Gerichtshof. Das war allerdings kein Urteil, sondern ein Gutachten. Es ging um die Frage, ob man im Krieg Nuklearwaffen einsetzen oder mit dem Einsatz drohen darf. Das war das berühmte Atomwaffengutachten aus den Neunzigerjahren. Der IGH hat alle rechtlichen Regelungen herangezogen und geprüft, insbesondere auch das humanitäre Völkerrecht. Doch am Schluss konnten die Richter sich nicht einigen und haben festgestellt, dass man zwar grundsätzlich Atomwaffen nicht einsetzen und auch nicht damit drohen dürfe. Aber ob ein Staat Nuklearwaffen einsetzen darf, wenn seine Existenz bedroht ist, blieb offen. Auf Lateinisch nennen wir das ein *non liquet* – wörtlich: Es ist nicht klar.

Das Gericht hat die Entscheidung also an die Gesellschaft zurückgegeben – sie muss selbst zu einer Position zu kommen. Heute sind die Gesellschaften allerdings polarisiert wie nie zuvor.

Es ist ein Problem unserer Gesellschaft und der Politik, dass sich gegenwärtig viele schwertun, miteinander zu sprechen und Kompromisse zu finden. Dieses Gespaltensein ist sehr beunruhigend.

Wann sollte man sich besser nicht an ein Gesetz halten?

Im Moment funktioniert unsere demokratische Gesetzgebung im Grunde gut, sodass keine Gesetze verabschiedet werden, die wie etwa die Nürnberger Gesetze grundsätzlichen Moralvorstellungen widersprechen. Es beruhigt mich, in einem Staat zu leben, dessen Gesetze ich, auch wenn ich sie nicht unbedingt immer gut finde, dennoch grundsätzlich akzeptieren kann.

In der Bundesrepublik haben wir mit Artikel 20 Absatz 4 das Recht auf Widerstand: »Gegen jeden, der es unternimmt, diese Ordnung zu beseitigen, haben alle Deutschen das Recht zum Widerstand, wenn andere Abhilfe nicht möglich ist.«

Das wurde in der unruhigen Situation der 1968er-Jahre als Gegenpol zu den Notstandsgesetzen ins Grundgesetz aufgenommen. Der Artikel hat etwas Beruhigendes. Im Notfall hätte jeder dieses Recht – aber letztlich ist es eher symbolisch. Ich kann Ihnen nicht erklären, wie das konkret funktionieren würde: Wie sollte ich eine staatliche Garantie in Anspruch nehmen, wenn ich mich – auf der Grundlage des Widerstandsrechts – gegen den Staat stelle? Es ist ein Widerspruch in sich.

Was, wenn sich plötzlich die Lage ändert, wie derzeit in den USA?

Man kann emigrieren oder in die Opposition gehen. Ich bewundere die Kollegen und Kolleginnen in der Türkei etwa oder in Aserbaidschan, in Ländern, in denen es wirklich Mut fordert, auf der Grundlage des internationalen Rechts gegen die eigene Rechtsordnung zu kämpfen. Von russischen Kollegen an der Universität weiß ich, dass sie zu Beginn des Ukrainekrieges eine Erklärung abgeben mussten, dass sie für den Krieg sind – oder ihre Stelle verloren hätten. Darüber haben wir hier viel diskutiert: Wie mutig wären wir selbst? Als Alternative bleibt dann nur, aus dem bürgerlichen, vertrauten Leben auszusteigen. Da muss ich wirklich sagen, dass ich froh bin, nicht vor diese Entscheidung gestellt zu werden. ▪

Niels Boeing und Katrin Zeug wünschen sich, dass allen, trotz aller Diskrepanzen, bewusst ist, was für ein Schatz ein funktionierender Rechtsstaat ist. Und dass der verteidigt werden muss.

Ein Werkzeugkasten für gute Streitgespräche

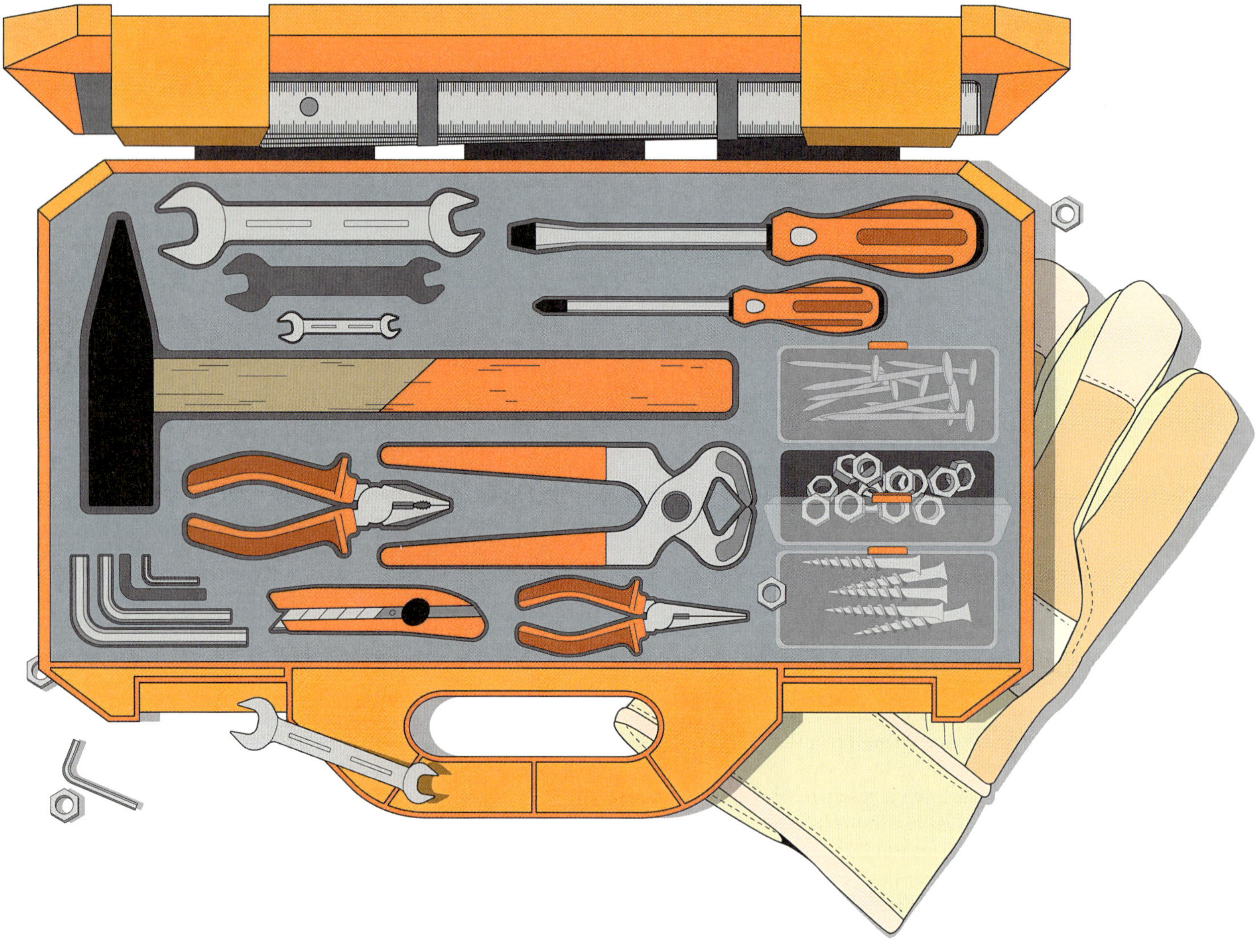

Wo gehobelt wird, da fallen Späne — klar! Aber wie bei jedem Handwerk gibt es auch im Disput einfach Pfusch. Hier ist eine solide Ausrüstung für Sie, um ihn zu entlarven

Text Johanna Michaels   Illustrationen CasaMatze

Wer hat recht und warum? Diese Frage ist oft so entscheidend wie schwer zu beantworten. Unsere Welt ist komplex, unsere Debatten sind es auch. Da hilft es nicht, wenn falsche Fährten uns zusätzlich verwirren. In der Philosophie heißen trügerische Argumente Fehlschlüsse. Sie werden manchmal versehentlich vorgebracht, oft aber auch absichtlich als Waffe eingesetzt.

Als Aristoteles in seinen *Sophistischen Widerlegungen* alle ihm bekannten Fehlschlüsse sammelte und sie enttarnte, wollte er einen Schutzschild gegen seine Erzfeinde schaffen. Die Sophisten waren vielseitige Gelehrte und Meister der Rhetorik. Sie wussten genau, wie sie Menschen überzeugen konnten. In Aristoteles' Augen aber waren sie Scharlatane, die die Menschen mit faulen Tricks hinters Licht führen wollten – die Populisten des antiken Griechenlands.

Sophisterei ist eine Kunst, die auch heute noch gern kultiviert wird. Im Internet, der Agora des 21. Jahrhunderts, finden sich neben platten »alternativen Fakten« und Fake-News auch raffinierte Scheinargumente. Dabei haben uns Aristoteles und andere Philosophen schon den passenden Werkzeugkasten zusammengestellt, um all das zu entlarven. Schauen wir mal rein!

ad hominem
Die Schmutzkampagne

Beliebt bei: Polemikern und fiesen Trollen im Netz
Wenn man argumentativ feststeckt, ist die persönliche Attacke ein ebenso beliebtes wie hinterhältiges Mittel, um am Ende doch noch als Gewinner aus einer Diskussion hervorzugehen. Im April 2025 hält US-Präsident Donald Trump eine Rede beim Dinner des Nationalen Kongresskomitees der republikanischen Partei. Er kommt auch auf den demokratischen Senator Adam Schiff zu sprechen, einen scharfen Kritiker seiner Politik. Um die geht es aber nicht: »Er hat den kleinsten Hals, den ich je gesehen habe. Und den größten Kopf. Wir nennen ihn Wassermelonenkopf. Wie kann dieses große, fette Gesicht auf einem Hals stehen, der aussieht wie dieser Finger?«
Hier hakt die Schraube: Ob ein Argument gut ist, hat nichts mit der Person zu tun, die es vorbringt. Schiff kritisiert Trumps Politik seit Jahren. Und Trump reagiert seit Jahren auf gleiche Weise: indem er sich über Schiffs Aussehen lustig macht. Er hat sogar schon T-Shirts beworben, auf denen dessen Kopf auf einem Bleistift steckt. Indem er ihn zur Witzfigur macht, braucht er sich nicht mehr seinen Argumenten zu stellen – das ist nicht nur niederträchtig und schamlos, sondern auch ein klarer Fall von Sophisterei! Denn grundsätzlich gilt: Auch eine Witzfigur kann recht haben.
Dieser Schlüssel hilft: Nicht immer kommt die Schmutzkampagne so offensichtlich daher wie bei Trump. Unterscheiden Sie daher genau zwischen Argument und argumentierender Person – ihrem Aussehen, aber auch ihrem Charakter und ihrer Vergangenheit. Was sie jetzt gerade sagt und was sie sonst so tut, sind zwei verschiedene Dinge. Bei Spott oder schmutziger Wäsche sollten Sie hellhörig werden. Da versucht vermutlich jemand, am Argument vorbei die Leute auf seine Seite zu ziehen. Fragen Sie sich immer: Widerlegt das Gesagte den Punkt, oder beeinflusst es nur mein Gefühl zu der Person, die den Punkt setzt? Bei der eigenen Argumentation gilt es zu beachten: Konzentrieren Sie sich auf das gegnerische Argument. Sachlich bleiben ist meist ein guter Rat. Bei emotionalen Themen sind auch Emotionen erlaubt – aber nur gegen die Sache, nicht gegen die Person!

ignoratio elenchi
Der platte Pappkamerad

Beliebt bei: Meinungsmachern und jenen, die sonst noch gern im Rampenlicht stehen
Ein gutes Argument lässt sich viel einfacher widerlegen, wenn man es schlechter macht. Indem man die Aussagen der Gegenseite zu platten Pappkameraden zurechtstutzt, können sie schon auf den ersten Blick nicht mehr stimmen. Anfang des Jahres 2019 veröffentlichte der Lungenarzt Dieter Köhler ein Positionspapier, in dem er die Grenzwerte für Feinstaub und Stickoxide anzweifelte. Er argumentierte unter anderem, dass er in seiner gesamten Laufbahn noch nie einen Tod durch Feinstaub festgestellt habe.
Hier hakt die Schraube: Wenn jemand Punkte entscheidend verändert, verkürzt oder erweitert, wird seine Entgegnung automatisch wertlos. Die Gegenseite hat diesen Pappkameraden weder selbst so formuliert, noch folgt daraus, dass ihr ursprüngliches Argument falsch ist. Dass der Lungenarzt Köhler noch nie Feinstaub als direkte Todesursache feststellen konnte, wundert niemanden in der Fachwelt. Denn: Feinstaub und Stickoxide töten nicht direkt, sondern können lebensgefährliche Erkrankungen auslösen. Eine Sahnetorte würde auch in keinem Totenschein vorkommen, ein Herzinfarkt durch Diabetes aber sehr wohl.
Dieser Schlüssel hilft: Achten Sie genau auf das ursprüngliche Argument und die Unterschiede zur neuen Formulierung. Wird hier Wichtiges verallgemeinert, verzerrt oder unter den Teppich gekehrt? Dann müsste der Sprecher sein Argument neu rechtfertigen – Köhler hätte zum Beispiel zeigen müssen, dass Feinstaub auch niemals indirekte Todesursache ist. In Ihrer eigenen Argumentation sollten Sie es sich nicht zu leicht machen. Überlegen Sie ernsthaft, ob das Gegenüber recht haben könnte, und überspitzen Sie nichts zu Ihren Gunsten.

In der Philosophie nennt sich dieser Grundsatz »Prinzip der wohlwollenden Interpretation«: Erst wenn ich das Argument der Gegenseite so plausibel und differenziert wie möglich interpretiert habe, kann ich auch eine gute Antwort darauf formulieren.

post hoc ergo propter hoc
Die kausalen Gespenster

Beliebt bei: Querdenkern und anderen Schwurblern
Nichts sät so prächtige Zweifel wie Behauptungen über geheime Ursachen. Denn wer kann schon genau sagen, warum etwas passiert? Zwar sind sich fast alle Wissenschaftler einig, dass der Mensch durch fossile Brennstoffe zu viel CO_2 in die Atmosphäre bläst, was das globale Klima erhitzt und extreme Wetterereignisse wie die Überschwemmung des Ahrtals 2021 wahrscheinlicher macht – aber eben nur fast alle. Vielleicht hat auch etwas ganz anderes die Regenwolken tagelang über der Ahr festgehalten. In Deutschland stehen doch von Jahr zu Jahr immer mehr Windräder, stellte der AfD-Politiker Stephan Brandt in einem Interview fest. »Die nehmen natürlich auch die Energie aus dem Wind raus. Das wird auch Auswirkungen auf das Wetter haben.«
Hier hakt die Schraube: Nur weil etwas zeitlich aufeinanderfolgt, besteht noch lange kein kausaler Zusammenhang. In der Statistik ist man grundsätzlich sehr vorsichtig, über eine zeitliche Abfolge hinaus von Ursache und Wirkung zu sprechen. Die Zahl der Windräder steigt, und schon steht das Ahrtal unter Wasser. Wer hier kurzerhand den Geist der Kausalität beschwört, verschweigt die komplexen meteorologischen Mechanismen, die zu solchen Wetterkatastrophen führen und vom Klimawandel begünstigt werden.

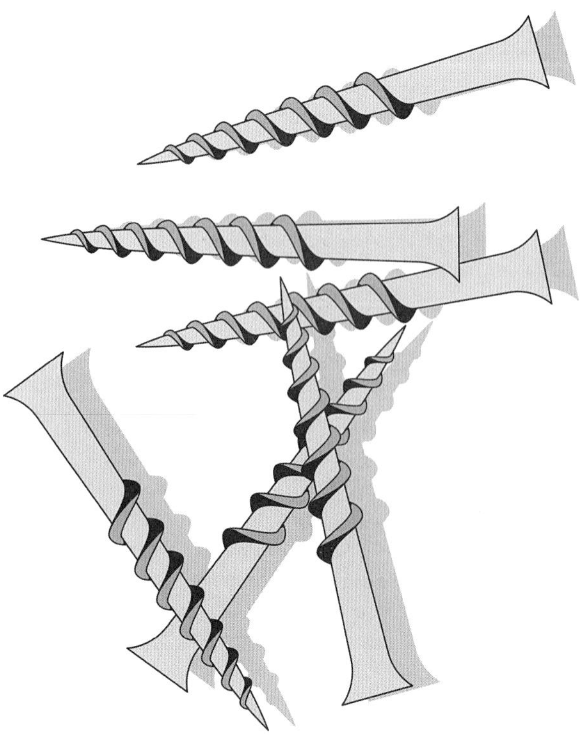

Dieser Schlüssel hilft: Lassen Sie sich nicht von der zeitlichen Abfolge der Ereignisse beeindrucken, es steckt meist nicht viel mehr dahinter. Oft sind die Ursachen deutlich komplexer, als so mancher es gern darstellt. Sobald also ein einziges Ereignis als Ursache genannt wird, sollten Sie stutzig werden. Da vereinfacht jemand vermutlich den Hergang und nutzt einen rein zeitlichen Zusammenhang für seine Zwecke. Für Ihre eigene Argumentation gilt: Seien Sie immer vorsichtig mit Behauptungen zu Kausalität. Dass Statistiker nur sehr selten solche Aussagen wagen, hat gute Gründe. In den meisten Fällen handelt es sich nämlich nicht um Ursache und Wirkung – wussten Sie, dass der Konsum von Margarine und die Anzahl von Scheidungen im US-Bundesstaat Maine korrelieren?

ad ignorantiam
Die Last auf dem Buckel der anderen

Beliebt bei: Rechthabern und mächtigen Propagandamaschinen
Manchmal fehlt der Gegenseite nur ein kleines Körnchen Information, das aber nutzt ein geschickter Sophist aus. Sie mögen etwas besser wissen, aber können Sie es auch besser beweisen? Im Jahr 2020 überlebte der russische Oppositionspolitiker Alexej Nawalny nur knapp einen Giftanschlag, weil er gerade noch rechtzeitig in Berlin behandelt werden konnte. Als der Verdacht auf den russischen Geheimdienst fiel, zeigte sich Wladimir Putin unbeeindruckt: »Wenn der Machtapparat jemand hätte vergiften wollen, dann hätte er ihm wohl nicht erlaubt, nach Deutschland auszufliegen.« Bisher habe er noch keine Belege für ein Verbrechen gesehen – »Geben Sie uns Beweise!«
Hier hakt die Schraube: Eine Aussage ist nicht wahr, nur weil sie niemand widerlegen kann. Andersherum ist auch nicht alles falsch, was bisher nicht bewiesen werden konnte. Putin suggeriert, dass sein Geheimdienst schon deshalb nicht hinter dem Anschlag stecken kann, weil der erfolglos war, und fordert nach dieser schwachen Begründung umso stärkere Beweise von der Gegenseite. Dabei hat die schon einiges geliefert: Nawalny stand nachweislich zum Zeitpunkt des Anschlags unter Beobachtung des Geheimdienstes. Das verwendete Gift wurde außerdem in einem geheimen Programm der Sowjetunion entwickelt.
Dieser Schlüssel hilft: Sich dumm stellen ist kein Argument. Sobald jemand wasserdichte Beweise fordert, statt auf die bisher angeführten Punkte einzugehen, sollten Ihre Alarmglocken läuten. Da möchte vermutlich jemand schnell die Beweislast abschütteln, weil das eigene Argumentationskonstrukt sie nicht mehr tragen kann. Absolut sichere Beweise findet man in einer

komplexen Welt wie der unseren so gut wie nie, weshalb seriöse Wissenschaft stattdessen so viele gute Hinweise wie möglich für ihre Thesen präsentiert. Folgen Sie auch in Ihrer eigenen Argumentation diesen Hinweisen, statt sich auf das letzte fehlende Körnchen zu versteifen. Nawalny ist voriges Jahr unter ungeklärten Umständen in einem russischen Straflager gestorben.

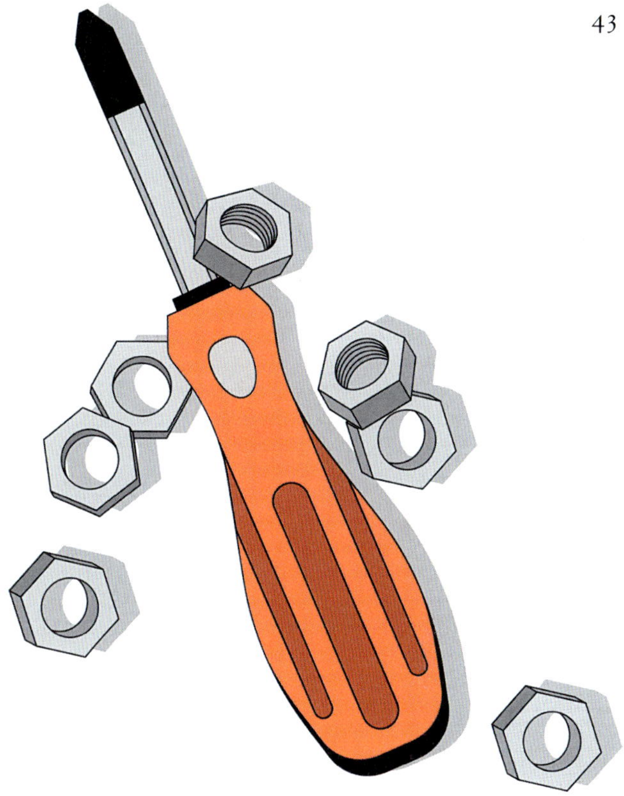

ad verecundiam
Das rhetorische Katzengold

Beliebt bei: der Boulevardpresse und alles besser wissenden Influencern
Um das eigene Argument zu untermauern, zieht nichts so gut wie Experten. Dabei spielt es gar keine Rolle, ob es sich wirklich um solche handelt – es können Titelträger oder Berühmtheiten sein –, Hauptsache, das Gegenüber erstarrt vor Ehrfurcht. Zu Beginn der Coronakrise warf die *Bild*-Zeitung eine Frage auf: »Sollten wir Fledermäuse ausrotten?« Sie zitierte dazu den Professor Scott Galloway, der gepostet hatte, dass die vier tödlichsten Viren von Fledermäusen stammten, die Gefahr dieser Spezies also ihren Nutzen überschreite.
Hier hakt die Schraube: Die Stimme eines Experten zählt nur dann etwas, wenn er auch in diesem Fall Experte ist. Wissenschaftler sind Meister ihres Fachs, aber eben nur dort. Der von der *Bild*-Zeitung zitierte Professor war nicht etwa Professor für Virologie, sondern für Marketing. Die Meinung eines Marketing-Experten zur Ausbreitung von Viren wiegt wohl genauso schwer wie die eines Virologen zu Absatzmärkten. Außerdem gilt: Weder Titel noch breite Zustimmung kann eine gute Begründung ersetzen.
Dieser Schlüssel hilft: Lassen Sie sich nicht von Titeln oder Prominenz blenden – nicht alles, was glänzt, ist Gold. Recherchieren Sie, ob die zitierte Person auch wirklich eine Expertin in genau dieser Frage ist, bevor Sie ihrer Meinung mehr Glauben schenken als der Ihres Friseurs. Der Fußballer Joshua Kimmich war übrigens mal gegen Corona-Impfungen – und das kann Sie getrost kaltlassen. Bevor Sie jemanden zitieren, sollten Sie nach einer Begründung fragen. Echte Experten sollten gute Argumente für ihre Meinung parat haben. Dieser Pflicht enthebt sie auch ihr Titel nicht. Seien Sie bei sich und anderen wachsam, ob Ruhm oder Ansehen eine Rolle spielt. Denn Wahrheit schert sich nicht darum.

falsche Analogie
Äpfel mit Birnen vergleichen

Beliebt bei: Seien wir mal ehrlich – das machen wir doch alle gern
Die Schlagkraft eines Argumentes erhöht sich deutlich, sobald es eine anschauliche Geschichte erzählen kann. Bundestagspräsidentin Julia Klöckner entschied in diesem Jahr, am Christopher Street Day keine Regenbogenflagge zu hissen. In den letzten Jahren hatte die Flagge an diesem Tag auf dem Bundestag geweht, um ein Zeichen gegen die Diskriminierung queerer Menschen zu setzen. Dazu sagte Klöckner im Interview: »Die meistverfolgte Gruppe weltweit sind übrigens Christen. Dann müsste ich auch an einem Tag im Jahr zum Beispiel die Vatikanflagge hissen.«
Hier hakt die Schraube: Damit eine Analogie das Argument stützen kann, müssen nicht nur die Oberfläche, sondern auch die wichtigen Details übereinstimmen. Regenbogenflagge und Vatikanflagge sind zwar beides Flaggen, und Menschen werden sowohl für ihre sexuelle Orientierung als auch für ihre Religion diskriminiert. Doch während der Regenbogen für Toleranz und Respekt gegenüber queeren Menschen in Deutschland und auf der ganzen Welt steht, steht die Vatikanflagge nur für eines: den Staat Vatikanstadt.
Dieser Schlüssel hilft: Führen Sie sich Argument und Analogie vor Augen. Welche Gemeinsamkeiten und welche Unterschiede lassen sich ausmachen? Und sind die Unterschiede unwichtig, oder steht und fällt erst mit ihnen die Schlagkraft des Arguments? Ergänzt man bei Klöckners Analogie das Detail, dass in Brandenburg Paraden zum Christopher Street Day dieses Jahr nach Angriffen nur mit erhöhtem Polizeischutz stattfinden konnten oder sogar abgesagt werden mussten, wirkt der Vergleich zu verfolgten Christen in anderen Ecken der Welt zynisch. Auch für Sie gilt: Analogien sind eine mächtige Waffe – mit einem gelungenen Vergleich können Sie schnell viele Menschen überzeugen. Zeigen Sie also Verantwortung. ■

HAT HIER JEMAND DICKER HUND GESAGT?

Mit ihrem Blick ziehen sie uns nicht nur Leckerli aus der Tasche, sie mustern uns auch ganz genau. Ein Glück, dass sie damals trotzdem beschlossen haben, unsere Freunde zu werden

Text Niels Boeing

Fotos Enver Hirsch, David Maurice Smith, Nikita Teryoshin, Rip Hopkins, Damien & Leila De Blinkk, Herbert List, Luis Garcia, Anne Schönharting, Julia Christe, Philippe Halsman, Elliott Erwitt, Emily Nathan, Jo Metson Scott

Der Hund kann einem leidtun. Wofür er alles herhalten muss, allein in der deutschen Sprache. Schlechtes Wetter? Hundewetter. Kurz davor, vom Schlaf übermannt zu werden? Hundemüde. Kein Geld mehr in der Tasche, keine Arbeit in Aussicht? Auf den Hund gekommen. In Comics ergeht es ihm auch nicht besser. Man denke nur an Goofy, den Freund von Micky Maus: eine gutmütige Seele, aber wie täppisch stolpert er durchs Leben. Wum, der von Loriot gezeichnete TV-Hund der 1970er: liebenswert, aber keine Leuchte.

Der Hund ist ein ungewöhnliches Tier. Es gibt ihn in allen Größen, von lächerlich klein wie ein Chihuahua oder ein Rehpinscher bis zu riesenhaft wie eine Dogge oder ein Mastiff, in allen Farbschattierungen aus Weiß, Beige, Braun, Rot, Grau und Schwarz. Ein Außerirdischer, der zufällig auf der Erde landet, würde kaum vermuten, dass es sich genetisch um eine einzige Subspezies handelt. Die gar von der Spezies Wolf abstammt und immer noch dazugehört. Das muss man sich überhaupt vorstellen: Der Rehpinscher stammt vom Wolf ab.

Eleganz ist kein Attribut, das man mit dem Hund verbindet. Wenn er nass geworden ist, müffelt er. Ständig hechelt er mit hängender Zunge, lässt Speicheltröpfchen fallen. Rennt ohne Ankündigung wie närrisch über eine Wiese. Dreht sich umständlich im Kreis, bevor er sich hinlegt, einmal, zweimal, dreimal.

Millionen Hundebesitzer ficht das nicht an. Sie lieben ihren vierbeinigen Hausgenossen, sind stolz auf seine kleinen Kunststücke. Einen weggeworfenen Stock zurückbringen. Die ausgestreckte Hand mit einer ausgestreckten Pfote erwidern. Ist das nicht toll? Nicht-Hundebesitzer rollen längst mit den Augen. Nein, einen Ruf als Intelligenzbestie hat der Hund nicht. Den haben Schimpansen, Elefanten, Delfine. Das sind doch echte Ausnahmeerscheinungen der tierischen Evolution.

Wenn es eine Ausnahmeerscheinung gibt, ist es der Hund. Seine Drolligkeit, seine Tollpatschigkeit haben sehr lange kaschiert, dass der Canis lupus familiaris in Wahrheit eine krasse Erfolgsgeschichte der Evolution ist, von der der Mensch noch etwas lernen kann.

Wir schreiben das Jahr 15.000 vor unserer Zeitrechnung. Das nördliche Europa ist von einem Eispanzer bedeckt. Eine bitterkalte Tundra grenzt daran, die in eine ausgedehnte Steppe mit Sträuchern übergeht. Am nördlichen Mittelmeer gibt es vereinzelt Wälder. Von den Raubtierarten, die einst diese karge Landschaft beherrschten, sind nur zwei in nennenswerter Zahl übrig geblieben: Canis lupus und Homo sapiens.

Canis lupus, der Wolf, hat Europa schon seit mehr als 300.000 Jahren bevölkert, er ist bisher das erfolgreichste Raubtier der Nordhalbkugel. Der moderne Mensch ist im Vergleich dazu ein neu Zugezogener, der vor noch nicht einmal 30.000 Jahren aus Afrika über den Nahen Osten nach Europa gekommen ist. Aber er ist dank seines einzigartigen Denkvermögens von brutaler Effizienz: Sein überlegenes Jagdverhalten hat nach und nach die Raubtierkonkurrenz an den Abgrund gebracht. Sein nächster Verwandter, der Neandertaler, ist bereits ausgestorben. Löwe, Leopard, Vielfraß und Hyäne stellen längst keine Konkurrenz mehr für ihn dar, sie werden einige Tausend Jahre später aussterben. Der Braunbär kommt ihm selten ins Gehege. Aber der Wolf ist ein arger Widersacher. Auch er ein fähiger Jäger mit überragendem Geruchssinn und wie der Mensch in einer großen Sippe lebend, dem Wolfsrudel, zur Kooperation fähig. Unaufhaltsam hat die Zahl der Menschen zugenommen. Immer mehr Nahrung benötigen sie in der kargen Landschaft. Der Wolf ist nun ihr einziger echter Konkurrent, denn auch er muss jeden Tag viel fressen. Nahrung, das bedeutet für beide: Fleisch. Denn von Beeren und Knollen wird der Mensch nicht satt, den Ackerbau hat er noch nicht entdeckt. Was wird passieren? Wer wird den Showdown überleben?

Einige Wölfe, deren aggressives Misstrauen nicht so stark ausgeprägt ist, beginnen, sich in der Nähe menschlicher Lager aufzuhalten. Dort fallen beständig Essensreste für sie ab. Sie fangen auch an, die Menschen zu beobachten. Denen wiederum entgeht die Anwesenheit dieser Wölfe nicht, die sie nun ebenfalls beobachten. Sie bemerken, dass die Wölfe Laut geben, weil Wild in der Nähe ist. Sie schwärmen aus und erlegen das Wild, von dem dann wieder etwas für die Wölfe übrig bleibt. Über wie viele Generationen das so geht, weiß niemand.

Seine Drolligkeit hat es lange kaschiert, aber der Hund ist ein wahrer Erfolg der Evolution

Die zutraulichen Wölfe verändern sich. Ihre Ohren hängen mitunter herunter, sie wedeln mit dem Schwanz, das Fell nimmt ganz neue Färbungen an. Auch die Kopfform der Männchen ähnelt mehr und mehr der der weiblichen. Vor allem aber lernen die zutraulichen Wölfe, die Gesten der Menschen zu deuten. Nach 5.000 Jahren hat sich ein Teil der Art Canis lupus zum Canis lupus familiaris gewandelt, dem »Familienwolf«. Er lebt nun mit dem Menschen in seinen Siedlungen, hütet sie und bald auch ihre gezähmten Pflanzenfresser, Rinder, Schweine, Schafe. Einige Wölfe sind zu Hunden geworden. »Nicht die Menschen haben Wölfe domestiziert, das haben die Wölfe selbst getan«, sagt der Evolutionsbiologe Brian Hare von der Duke University. »Wir Menschen haben sie später nur ›feingetunt‹.«

Heute zeigt sich, dass die Strategie der friedlichen Wölfe von einst sich ausgezahlt hat. Der Canis lupus familiaris, der Hund, zählt nun schätzungsweise 900 Millionen Exemplare weltweit, viele davon leben sogar halbwild. Der alte Canis lupus, der Wolf, der in den

Wäldern geblieben war und die Menschen gemieden hatte, musste das bitter bezahlen. In manchen Gegenden war er zeitweise ausgerottet, nachdem der Mensch ihn gnadenlos als Fressfeind getötet hatte. Schätzungsweise 250.000 Wölfe leben heute noch auf der Erde.

Der Hund hat auf seinem langen Weg eine Fähigkeit erlernt, die einst den Menschen zur überlegenen Spezies machte: die sogenannte intentionale Kommunikation. Vor einigen Hunderttausend Jahren begann der Homo sapiens, sich über Gesten miteinander zu verständigen, lange bevor er zur Sprache fand. Wenn ein Individuum mit dem Finger in eine Richtung zeigte, etwa auf Wild, das es in den Bäumen erspäht hatte, folgte der Blick eines anderen dieser Richtung. Evolutionär war dies ein unerhörter Sprung: Individuen konnten sich nun in die Gedanken von anderen hineinversetzen. Sie konnten ihre Absichten teilen – für das gemeinsame Jagen ein großer Vorteil. Die Distributed-Language-Theory geht davon aus, dass aus dem Zeigen sogar die Sprache entstand – Laute waren nur ein weiterer Bestandteil im Repertoire der Gesten.

Der Evolutionsbiologe Michael Tomasello hält diese Fähigkeit zur geteilten Intentionalität für den »ersten und wichtigsten Prozess in der frühen Menschheitswerdung«. Es war sein Student Brian Hare, der ihn darauf aufmerksam machte, dass Hunde diese Fähigkeit auch haben. Wenn Hare als Jugendlicher mit seinem Hund Oreo, einem Labrador, durch die Wiesen streifte, gab er ihm wie selbstverständlich Anweisungen, wohin er rennen sollte oder wo er ein Leckerli für ihn versteckt hatte. Oreo verstand sofort. Hare erzählte Tomasello davon, der ihm erst nicht glauben wollte. Sie begannen, eine Reihe von Experimenten aufzusetzen, um zu überprüfen, ob zunächst Oreo, dann auch andere Hunde tatsächlich menschliche Gesten lesen konnten. Sie alle konnten es. Die nächsten Verwandten des Menschen, die Schimpansen, können dies, wie Tomasello in seinen eigenen Studien feststellte, nicht. Ausnahme sind Schimpansen, die mit Menschen aufgewachsen sind. Wölfen fehlt diese Fähigkeit bis heute.

Dass man mit Hunden kommunizieren kann, überrascht keinen Hundebesitzer, aber die Wissenschaft hatte das bis zum Ende des 20. Jahrhunderts übersehen. Domestizierte Tiere, also Haustiere, galten als weniger aufgeweckt als ihre wilden Artgenossen. »Anstatt dass die Domestizierung unsere besten Freunde dümmer machte, gab unsere Beziehung mit Hunden ihnen eine außerordentliche Art der Intelligenz«, sagt Hare.

Hunde können sich die Namen von bis zu 1.000 Objekten merken. Sie können lernen, Türen zu öffnen und Gegenstände zu holen. Sie können Blinde durch die Stadt geleiten, Gehörlosen Aufgaben abnehmen, in Lawinen Verschüttete aufspüren. Ihre kognitiven Fähigkeiten sind erstaunlich, Brian Hare nennt sie scherzhaft *»dognition«*, kurz für *»dog cognition«*.

Ihre Fähigkeiten haben Hunde im Gegensatz zu so manchen Menschen empathisch gemacht

Fotos: Enver Hirsch, David Maurice/Agence VU/Laif; Smith, Nikita Teryoshin, Rip Hopkins/Agence VU/Laif; Damien & Leila De Blinkk, Herbert List/Magnum Photos/Ostkreuz Archiv; Luis Garcia/Kintzing

Mit ihren scharfen Sinnen können sie kilometerweit riechen und noch die kleinste Geste wahrnehmen

Fotos: Anne Schönharting/Ostkreuz; Julia Christa/fstop/mauritius; Philippe Halsman/Magnum Photos/Ostkreuz Archiv; Emily Nathan/Kintzing; Elliott Erwitt/Magnum Photos/Ostkreuz Archiv; Jo Metson Scott; Rip Hopkins/Agence VU/laif

Die über Jahrtausende entwickelte Dognition hat Hunde auch empathisch gemacht. Sitzt der Mensch weinend auf dem Sofa, kommen sie angetapert, legen eine Pfote aufs Bein, stupsen ihn an. Ein Verhalten, das sogar manchem Exemplar des Homo sapiens abgeht.

Hunden hilft, dass ihre Sinne stark ausgeprägt sind. Mit ihren rund 300 Millionen Riechzellen können sie selbst kilometerweit entfernte Gerüche wahrnehmen. Es ist ihr wichtigster Sinn. »Hunde riechen zuerst ihre Welt«, sagt die Biologin Alexandra Horowitz von der Columbia University. Die dreidimensionale Welt, die Hunde über den Geruchssinn konstruieren, sei allerdings im Fluss. Die Luft trägt Moleküle durch den Raum und verändert ihn so für Hunde. Für den Menschen mit seinem wichtigsten Sinn, dem Sehsinn, nicht.

Verlässt ein Mensch seine Wohnung, verflüchtigt sich sein Geruch. Studien haben gezeigt, dass Hunde daraus eine Art Zeitgefühl entwickeln. Kommt der Mensch immer dann nach Hause, wenn sein Geruch in der Wohnung, sagen wir, auf ein Zehntel der ursprünglichen Intensität gesunken ist, versteht der Hund dies als Signal und setzt sich in freudiger Erwartung ans Fenster. Alle Hundebesitzer kennen das. Manche halten es gar für Telepathie, aber die ist nicht im Spiel – es ist das »olfaktorische Zeitempfinden« von Hunden.

Sie sind aber nicht nur brillante »Beriecher«, sondern auch sehr gute Beobachter. Während Menschen eine Abfolge von 25 bis 30 Bildern pro Sekunde als fließende Bewegung wahrnehmen, sehen Hunde hier noch jedes einzelne Bild als Standbild. »Wenn Hunde in alten Fernsehapparaten Filme gesehen haben, haben sie auch die schwarzen Flächen zwischen den einzelnen Bildern wahrgenommen«, sagt Horowitz. Für Hunde wird erst eine Folge von 70 Bildern zum Film. Diese Fähigkeit ermöglicht ihnen, kleinste Gesten wahrzunehmen, die nur 20 Millisekunden dauern und uns Menschen entgehen. Tatsächlich nutzen sie diese ultrakurzen Veränderungen in der Mimik für ihre Kommunikation untereinander, hat Horowitz in Zeitlupenaufnahmen von Hunden herausgefunden.

Die Erfolgsgeschichte des Hundes nennt Brian Hare *»survival of the friendliest«*. Wer freundlich, tolerant, aufmerksam ist, hat manchmal bessere Überlebenschancen. Der Canis lupus familiaris hat sie genutzt. Hare ist sich sicher, dass der Mensch noch vom Hund lernen kann: »Man kann Menschen dagegen immun machen, andere Gruppen zu entmenschlichen, wenn man sie in Kontakt miteinander bringt und dabei Freundschaften entstehen.« Einige Wölfe haben sich genau das vor 15.000 Jahren getraut – und sind als Hunde bis heute gut damit gefahren. ▪

Niels Boeing hatte als Kind Angst vor Hunden. Erst als in seiner Jugend eine Dogge bei ihm zu Hause einzog, stellte er fest: Die sind ja doch ganz liebenswert.

»Der Rausch gehört doch zu einem erfüllten Leben dazu«

Ein Gespräch mit dem Hanf über Mode, Schifffahrt und, ja, auch übers Kiffen

Interview Johanna Michaels

Kaum eine Pflanze polarisiert wie sie, kaum eine hat so viel zu erzählen. Legen wir also gleich los.

Welches Vorurteil gegen Sie nervt Sie am meisten?

Da gibt es alles, von platten Lügen bis zu überdrehter Panikmache. Wenn ich mich festlegen müsste, wäre es vielleicht eins aus den 1930ern. Da hieß es in einer Kampagne, ich sei der Teufel, der Amerikas Jugend ermorde. Das geht wirklich zu weit.

Erstes Vorurteil also: Hanf tötet.

Bis heute konnte kein einziger Tod direkt mit mir in Verbindung gebracht werden. Eine ziemlich gute Bilanz, wenn man bedenkt, dass mich jährlich mehr als 200 Millionen Menschen konsumieren.

Wer steckte hinter der Kampagne?

Das war der damalige Drogenbeauftragte der USA, Harry Anslinger. Er hat 1937 so hohe Steuern auf Hanf erwirkt, dass er mich praktisch verboten hat. Sie müssen sich das mal vorstellen: Dieser Typ hat mit einem Schlag eine uralte fruchtbare Zusammenarbeit zerstört. Bis dahin galt ich als die am häufigsten angebaute Nutzpflanze der Welt – seit dreitausend Jahren!

Wie die Welt wohl aussehen würde, wenn das alles geraucht worden wäre? Die gesamte schöpferische Energie der Menschheit wäre in die Entwicklung leckerer Snacks geflossen.

Klingt gar nicht so übel, ist aber natürlich Quatsch. Meine Fasern sind robust, elastisch und leicht. In meiner alten Heimat in Zentralasien haben Menschen daher schon vor mindestens 6.000 Jahren Kleidung aus Hanf hergestellt.

Davor hatten es vermutlich nur Tierfelle in die Mode geschafft.

Es gab dann nicht nur Hanfkleider, auch die erste Gutenberg-Bibel wurde auf Hanf gedruckt. Hätte Gutenberg Papier aus Holz gehabt, wären die ersten Exemplare heute vermutlich schon verrottet.

Zweites Vorurteil: Hanf ist ausschließlich zum Kiffen gut.

Richtig ist: Es entspannt nicht nur Kiffer. Meine Wurzeln reichen tief und holen neben Schwermetallen auch Nährstoffe und Wasser aus Erdschichten, die für andere Pflanzen unerreichbar sind. So schieße ich schnell über drei Meter in die Höhe und bilde einen kleinen Wald, in dem kaum Unkraut wächst und sich die Feuchtigkeit am Boden hält. Mit Hanf in der Fruchtfolge kann der Acker regelrecht aufatmen. Und obwohl ich Wind zur Bestäubung nutze, lieben Insekten meine Pollen.

Nichts gegen das Mittelalter, aber Kleidung und Papier allein kann Sie nicht auf den Thron gehoben haben.

Groß gemacht hat mich sicher die Schifffahrt. Hanf war lange Zeit das einzige Material, das sich für Segel und Seile eignete. Es ist, wie gesagt, leicht und robust, aber vor allem saugt es sich im Gegensatz zu Baumwolle nicht mit Wasser voll und modert daher auch nicht. Das können Sie übrigens alles auch in der *Lustigen Hanffibel* aus dem Dritten Reich nachlesen: »Wer

Foto: Nathan Griffith/Getty Images

Hanf heut baut mit fleiß'ger Hand, hilft selbst sich und dem Vaterland!«

Patriotischer Hanfanbau unter Hitler ... Drittes Vorurteil: Hanf ist nur was für linksextreme Hippies.

Auch machthungrige Herrscher liebten mich. Im Prinzip sind Europas Wohlstand und Vorherrschaft auf Hanf gebaut. Ohne mich hätte es Kolumbus nie nach Amerika geschafft, und die Anslingers wären in der Schweiz geblieben, wo ihr Sohn Harry vermutlich irgendwann das Teufelszeug Schokolade verboten hätte.

Die Hanffaser hatte also einen ziemlich krassen Einfluss auf unsere Geschichte.

Nicht nur die Faser! Auch meine Blüten haben eine lange Geschichte mit euch Menschen. Hanf als Heilmittel wird sowohl in fast 5.000 Jahre alten Schriften vom legendären Urkaiser Chinas Shennong als auch in der knapp 4.000 Jahre alten ägyptischen Schrift *Papyrus Ebers* und den 3.000 Jahre alten Schriften des Urvaters der arabischen Medizin Avicenna erwähnt.

Was ist mit diesem Wissen passiert?

Es hat bis ins letzte Jahrhundert überdauert. Hildegard von Bingen zog im 11. Jahrhundert Hanfpflanzen in ihrem Garten und empfahl sie bei Übelkeit. Ein britischer Arzt brachte 1839 aus Indien Hanf als Mittel gegen die Symptome von Rheuma, Tetanus und Cholera mit. Und der Leibarzt der Königin Viktoria soll ihr Hanf gegen Menstruationsbeschwerden verschrieben haben.

Viertes Vorurteil: Nonnen und Königinnen kiffen nicht.

Oder: Kiffen macht nur high. Eigentlich wisst ihr seit Jahrtausenden, dass Hanf Krämpfe löst, Schmerz lindert und Entzündungen hemmt. Trotzdem habt ihr bis in die 1990er-Jahre gebraucht, um die Mechanismen dahinter zu verstehen.

Welche Mechanismen sind das?

Jeder hat vermutlich schon mal von den Substanzen THC und CBD gehört. Sie gehören zu meinen mehr als 100 Cannabinoiden. Für Insekten sind das einfach nur Duftstoffe. Aber Wirbeltiere haben vor ungefähr 600 Millionen Jahren Rezeptoren für solche Substanzen entwickelt. Das ist erstaunlich, da es die Gattung Cannabis erst seit knapp 20 Millionen Jahren gibt.

Warum gab es die Rezeptoren vor den passenden Substanzen?

Pflanzliche Cannabinoide kamen zwar erst später, doch Wirbeltiere wie der Mensch haben nicht nur die Rezeptoren, sondern ein ganzes Endocannabinoid-System, das auch eigene Cannabinoide produziert. Wir sind uns also gar nicht mal so unähnlich.

Wir haben unsere eigene kleine Hanfpflanze im Körper? Abgefahren!

Euer Gehirn ist übersät mit Cannabinoidrezeptoren, ebenso eure Immunzellen. So reguliert das System eine ganze Reihe von grundlegenden Prozessen wie Lernen und Erinnern, Schlafen, Appetit, Temperatur, Schmerz, Entzündungs- und Immunreaktionen. Wie ein Mischpult kann es all diese Funktionen lauter oder leiser drehen, in einem gesunden Körper sind sie dadurch perfekt abgemischt.

Und in einem kranken Körper?

Das System verliert die Balance. Dann können meine Cannabinoide beim Abmischen helfen: Zum Beispiel dreht THC die Lautstärke von Schmerz im Gehirn runter. Die Forschung dazu steckt leider noch in den Kinderschuhen – Anslinger sei Dank.

Warum zur Hölle hatte es dieser Typ bloß so auf Sie abgesehen?

Es gibt Gerüchte, dass er von der Baumwoll- und Nylonindustrie unter Druck gesetzt wurde, in die er selbst investiert hatte. Sicher vertrat er aber das neue Ideal der Nüchternheit, das erst im 20. Jahrhundert aufkam und sich mit einer guten Portion Rassismus vermischte: Der Rausch war plötzlich etwas, dem sich nur die Schwarzen in den Jazzclubs hingaben. Und wer heute kiffte, nahm morgen schon Heroin. Der ordentliche weiße Bürger hatte in diesem Weltbild nüchtern zu sein.

Drogen bergen aber auch Gefahren, oder?

Ich will mich da gar nicht ausnehmen. Wenn zum Beispiel zu viel THC an den Rezeptoren eines jungen oder divergenten Gehirns andockt, stört es dessen Entwicklung. Am inneren Mischpult rumzuspielen, kann eben auch gefährlich sein.

Fünftes Vorurteil: Der Hanf wird die Gefahren vom Kiffen im Interview leugnen.

Bei jeder Droge gibt es bedenklichen und unbedenklichen Genuss. Was es aber in der Geschichte der Menschheit noch nie gegeben hat, ist vollkommene Abstinenz. Der Rausch gehört doch zu einem erfüllten Leben dazu! Vielleicht solltet ihr diese trostlose Idee vom Leben in nüchterner Vernunft endlich loslassen. Ich helfe gern dabei. ■

> »Eigentlich wisst ihr seit Jahrtausenden, dass Hanf Krämpfe löst, Schmerz lindert und Entzündungen hemmt. Warum habt ihr so lange gebraucht, mich zu verstehen?«

Bester Freund
sicher geschützt
HanseMerkur
Tierversicherungen
Mit unserem Gesundheitsschutz für Hunde und Katzen ist Ihr geliebter Vierbeiner jederzeit bestens abgesichert. Denn die Kosten für Behandlung, OP und alternative Heilmethoden sind abgedeckt – und das weltweit und bei jeder Rasse. Das zeigt: Hand in Hand ist HanseMerkur.
Hand in Hand ist
HanseMerkur
FOCUS MONEY
FAIRSTER TIER-VERSICHERER
HanseMerkur
12 weitere erhielten die Note Sehr gut
Im Test: 41 Tierversicherer in Deutschland
Ausgabe 13/2025

SO ERKENNT MAN QUALITÄT

Was aus schönen Blumen stammt, von fleißigen Bienen gesammelt wird und eine jahrtausendealte Tradition hat: Das kann doch eigentlich nur ein Superfood sein, oder? Tatsächlich sind, wie Umfragen zeigen, die meisten Menschen überzeugt, dass Honig ein gesundes Lebensmittel sei. Und zurzeit befeuern »Imkermeister Krüger« und die »Roh-Gang« aus der Fitness- und Influencerszene auf TikTok und Instagram den Hype um »Gottes Nahrung« mit entzündungshemmender und leistungssteigernder Wirkung. Einziger Haken: So einfach ist es nicht. Zwar enthält Honig als Naturprodukt Enzyme, denen manche Studien attestieren, beim Einschlafen, gegen Erkältungen und bei der Wundheilung helfen zu können. Doch der Anteil dieser Wirkstoffe ist verschwindend klein. Um sie in nennenswerter Menge aufzunehmen, müsste man also sehr, sehr viel Honig essen – also auch sehr, sehr viel Zucker, aus dem Honig nun mal zu 80 Prozent besteht. Und das ist sehr, sehr ungesund. So viel zum Honigdilemma.

Warum man trotzdem unbedingt Honig essen sollte? Weil er köstlich ist! Vor allem dann, wenn er naturbelassen und sortenrein ist. Dann schmeckt man im Kleehonig noch immer die Kleeblüte, von der der Pollen stammt. Oder den fein-herben Geschmack des Waldhonigs, der allerdings nicht von Blütenpollen, sondern vom Honigtau, einem Blattlaus-Sekret, kommt, der von den Bienen aufgesammelt wird. Ähnlich wie beim Whisky ist die Regel beim Honig: je reiner, desto besser. Leider entspricht das gute Image des Honigs auch in diesem Punkt oft nicht der Realität. Eine Untersuchung der EU aus dem Jahr 2023 zeigte, dass fast jede zweite Honigprobe mit billigem Industriesirup aus Mais, Reis oder Zuckerrüben gestreckt war. »Honig gehört zu den meistverfälschten Lebensmitteln«, konstatiert die Stiftung Warentest, wenngleich sie in ihrem jüngsten Produktvergleich in dieser Hinsicht selbst Billig-Honigen überwiegend gute Noten gab. Moderne DNA-Messmethoden hätten deutlich mehr Panscher entlarvt, kritisierte daraufhin der Deutsche Imkerbund, der mit eigenen Tests zu verheerenden Ergebnissen gekommen war. Demnach seien 80 Prozent der Proben aus Supermärkten gepanscht gewesen.

Für Verbraucher ist der Streit schwer aufzulösen, denn minderwertigen Honig kann man mit bloßem Auge nicht erkennen. Im Supermarkt sieht erst einmal alles schön aus – doch allein das müsste eigentlich schon stutzig machen. Ein makelloses Aussehen gehört nämlich zu den wichtigsten Indikatoren für schlechte Honigqualität! Naturbelassene und schonend hergestellte Sorten haben die Eigenschaft, früher oder später auszukristallisieren. Im Glas bilden sich dann feste Brocken, die zwar nicht sehr appetitlich aussehen, aber ein Zeichen dafür sind, dass der Honig nicht zu stark verarbeitet wurde. Um ihn wieder flüssig zu machen, reicht es, den Honig in einem Wasserbad anzuwärmen – am besten unter 40 Grad, um die Aromastoffe nicht zu zerstören. Genau diese Zerstörung passiert aber oft in der industriellen Massenproduktion – und lässt sich anders als das Panschen im Labor gut nachweisen.

FOLGE 17: HONIG

Ein Kilo Honig isst jeder Deutsche im Schnitt im Jahr. Doch wer nicht aufpasst, kauft anstatt sorgfältig hergestellter Imkerqualität industrielle Massenware

Indikatoren wie das Enzym Invertase (viel davon) oder Hydroxymethylfurfural (wenig davon) sprechen für ein naturbelassenes Herstellungsverfahren. Auf dem Etikett werden die beiden Stoffe aber leider nicht erwähnt. Auch die Zutatenliste hilft nicht weiter, denn laut Honigverordnung darf Honig ohnehin immer nur eine einzige Zutat enthalten: Honig. Was dort allerdings stehen muss, ist die Herkunft. Mehr als 60 Prozent des in Deutschland verkauften Honigs stammt nicht von heimischen Bienen, sondern aus dem Ausland. Entsprechend häufig ist die Angabe »aus EU- und Nicht-EU-Ländern« auf dem Etikett. Und die sollte ein Warnsignal sein. Dahinter verbergen sich oft industrielle Honige, die auf dem Weltmarkt zusammengekauft wurden und gemischt wurden. Das macht den Honig billiger. Zwar ist die Zahl der Bienenvölker in Deutschland zuletzt auf über eine Million gestiegen. Doch angesichts von Weltmarktpreisen von kaum über zwei Euro pro Kilo können deutsche Imker kaum noch konkurrenzfähig produzieren. Größter Honigexporteur nach Deutschland ist die Ukraine, eingekauft wird aber auch in Argentinien, Mexiko und China.

Dass auf dem langen Weg nach Deutschland mit seinen vielen Transporteuren und Zwischenhändlern dann auch mal irgendwo unsauber gearbeitet wird, liegt nahe. Wer guten Honig will, sollte deshalb darauf achten, dass die Lieferkette möglichst kurz ist.

Dabei hilft, dass es kaum ein Produkt gibt, das in einer so großen Vielfalt beim Erzeuger in der Nähe gekauft werden kann. Dafür sorgen die mehr als 140.000 Hobby-Imker, die über ganz Deutschland verteilt sind, auch in den großen Städten, wo der Honig nicht schlechter ist als auf dem Land. Sie verkaufen ihre meist sehr hochwertige Ware auf dem Wochenmarkt, im Hofladen oder im Biomarkt – oft nur wenig teurer als im Supermarkt. Erkennen kann man sie an der Bezeichnung »Echter Deutscher Honig«, die bereits vor 100 Jahren eingeführt wurde und garantiert, dass der Honig wirklich aus der Nähe kommt und schonend produziert wurde. Wichtig: Nicht zu verwechseln mit der nicht geschützten Bezeichnung »Imkerhonig«. Die nämlich darf jeder benutzen, sie sagt nichts aus. ■

Honig wird absurd diffus gekennzeichnet. Das soll sich ändern

»Aus EU- und Nicht-EU-Ländern« steht auf vielen Honiggläsern, was schlicht bedeutet: stammt vom Planeten Erde. Aha! Ab Mitte 2026 müssen die Hersteller konkreter werden und die Herkunftsländer auflisten

Text Ulf Schönert Illustration Oriana Fenwick

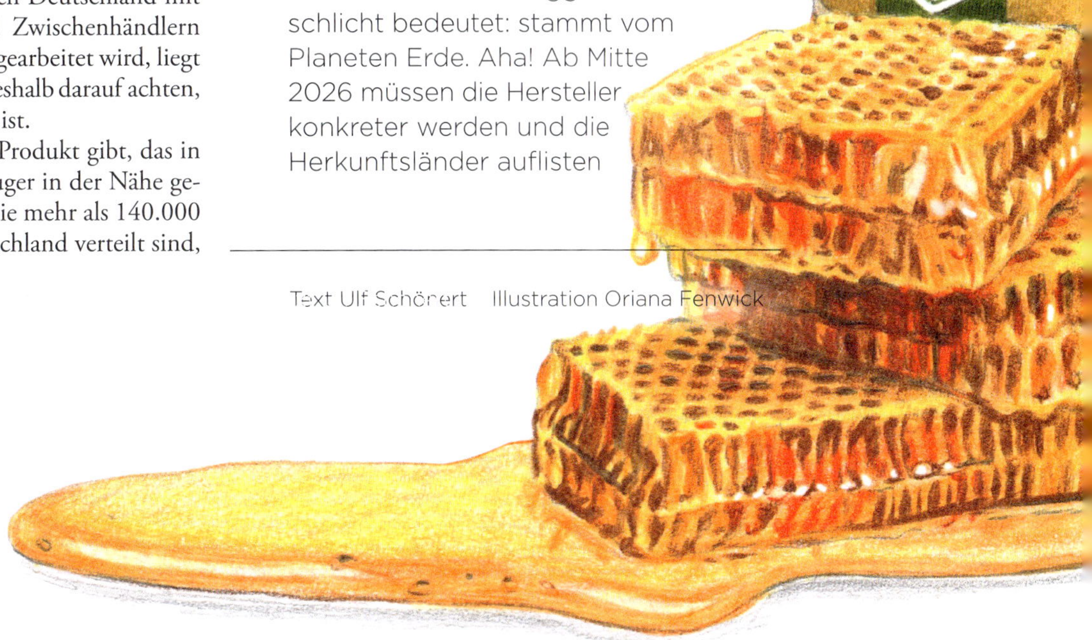

»DIESE ANGST IST SINNVOLL«

Die Psychologin Katharina van Bronswijk erforscht, was der Klimawandel mit unseren Launen macht

Interview Katrin Zeug Foto Max Zerrahn

Frau Bronswijk, wie verändert der Klimawandel unsere Gefühle?
Wir wissen, dass Hitze auf die Neurobiologie im Gehirn wirkt, Menschen können ihre Impulse dann schlechter regulieren. Statistiken zeigen, dass wir an Hitzetagen aggressiver und reizbarer sind, es passieren mehr Gewaltverbrechen. Aber auch wenn man mit Waldbränden oder Überflutungen konfrontiert ist – gedanklich oder konkret – , kann das eine ganze Palette von Gefühlen auslösen: Angst vor Gefahr; Wut, wegen der Untätigkeit von Leuten, denen man Verantwortung zuschreibt; Schuld und Scham, weil man sich selbst falsch verhält.

Kommen Menschen damit in Ihre Praxis?
Das Vorhandensein von Emotionen ist erst einmal noch nicht behandlungsbedürftig. In der *Shell Jugendstudie* gaben zwei Drittel der Jugendlichen an, dass sie sich Sorgen machen wegen des Klimawandels. Die sind ja nicht alle psychisch gestört. Das ist in einer so bedeutungsvollen Situation vielmehr evolutionär sinnvoll, die Sorge dient als Warnleuchte, damit wir überleben. Behandlungsbedürftig wird es erst, wenn man die Gefühle zum Beispiel mit Alkohol betäubt und eine Sucht entwickelt. Oder gar nicht mehr zur Ruhe kommt und eine Angststörung bekommt.

Haben manche bereits Angststörungen wegen des Klimawandels?
Ich frage bei der Anamnese immer, ob es belastende gesellschaftspolitische Themen gibt. Und ungefähr 50 Prozent der Patienten nennen dann die aktuellen Kriege, politische Entwicklungen und auch den Klimawandel. Für die meisten macht das aber nicht die behandlungsbedürftige Symptomatik aus. Meiner Erfahrung nach hängen Klimagefühle auch mit der politischen Orientierung zusammen und damit, wie man informiert ist: Je besser man weiß, wie schlimm es ist, desto mehr Angst hat man.

Manche ziehen daraus den Schluss, sich lieber nicht mehr zu informieren.
Das tut ein Großteil unserer Gesellschaft: Zwei Drittel der Deutschen gaben bei einer Umfrage an, dass sie krisenmüde seien, nur 39 Prozent schauen demnach noch Nachrichten. Man sieht: Viele haben ein Problembewusstsein, sind aber so überfordert damit, dass sie sich ins Private zurückziehen. Sie sagen sich: Warum soll ich leiden, wenn ich eh nichts machen kann?

Psychologisch gesprochen handelt es sich dabei um eine klassische Verdrängung. Besteht da Behandlungsbedarf?
Therapeutisch nur bei Leidensdruck – und diese Personen leiden ja nicht. Verdrängung ist eine wichtige Funktion der Psyche, weil sie uns ein Stück weit Sachen vom Hals hält, die vielleicht unerträglich sind. Allerdings funktioniert diese Strategie hier auf Dauer nicht. Spätestens, wenn mein Keller bei Starkregen vollläuft, nicht mehr.

Man könnte auch dann noch leugnen, dass es am Klimawandel liegt.
Die wenigsten Deutschen leugnen den Klimawandel an sich, sie leugnen aber ihre eigene Betroffenheit.

Warum?
Um Transformationsängste abzuwehren: die Angst davor, Privilegien zu verlieren oder geliebte Gewohnheiten aufgeben zu müssen. Die Trauer, sich von Dingen verabschieden zu müssen, über die man sich ein Stück weit selbst definiert hat. Wenn ich zum Beispiel das Bild habe, dass ein Mann Porsche fährt und auf der Autobahn richtig Gas gibt – was macht es dann mit meinem Ausdruck von Männlichkeit, wenn das nicht mehr geht? Oder wenn es für meinen Selbstwert wichtig war, zweimal im Jahr irgendwo hinzufliegen und darüber auf Instagram zu berichten? Es ist bedrohlich, wenn ich das Narrativ meines Lebens infrage stellen muss. Da ist es leichter, die Klimakrise – für sich – zu verdrängen.

Das heißt, es geht bei dem Ganzen nicht nur darum, Verhaltensmuster zu ändern, sondern den Kern unserer Identität?
Das scheinbare Desinteresse an Umweltthemen zeigt meiner Meinung nach, wie tief das Thema greift: Ihre Identität hinterfragen Menschen sehr ungern. Selbst in therapeutischen Prozessen fangen sie damit erst an, wenn der Schuh wirklich drückt.

Was bräuchte es gesellschaftlich?
Wir müssten als Gesellschaft unsere Selbstwertquellen und diese Arten von Identitätsbildung hinterfragen. Die Schwierigkeit ist, dass wir auf der naturwissenschaftlichen Ebene eine krasse Dringlichkeit haben. Menschliche und auch gesellschaftliche Veränderungsprozesse dauern aber länger.

Wie weckt man solche Prozesse politisch?
Es gibt die sogenannten Social Tipping Points. Disruptive Momente, in denen kleine Veränderungen eine große Veränderung hervorrufen und plötzlich Dinge als normal gelten oder als nicht mehr okay, bei denen das vorher anders war. Wie bei MeToo, Black Lives Matter oder auch Fridays for Future: Da verschiebt sich die Wahrnehmung sozialer Normen in relativ kurzer Zeit. Manchmal passiert das auch auf technologischer Ebene: KI oder Smartphones, die Entwicklungen anstoßen, die zehn Jahre vorher nicht zu ahnen waren.

Ist so etwas planbar?
Man kann das mit Kampagnen versuchen, aber es ist auch viel Zufall dabei. Greta Thunberg hat sicher nicht geplant, die Welt in dem Maß zu bewegen, als sie sich vor das schwedische Parlament gesetzt hat.

Wie geht der erste Schritt aus der Ohnmacht heraus?
Oft beginnt es damit, über den Schatten zu springen, sich zu trauen, etwas auszuprobieren – und dann erste Erfolgserlebnisse zu sammeln. Im besten Fall ändert sich dadurch die Vorstellung, dass man eh nichts bewirken kann. Weil eben doch oft was passiert, wenn man erst mal anfängt.

Und der zweite Schritt?
Ganz wichtig ist, wieder anzufangen, wenn man gegen den inneren Schweinehund verloren hat. Also zu verarbeiten und trotzdem dranzubleiben. Und ich würde noch hinzufügen: Kollektive Wirksamkeitserfahrungen stärken die individuelle Wirksamkeitserfahrung. Das bedeutet, es hilft ungemein, sich zusammenzuschließen, um größere Hebel zu bewegen. Das kann Begeisterung entfachen für Themen, die sonst eher mit Verdrossenheit gesehen werden.

Haben Sie einmal erlebt, wie jemand so entfacht wurde?
Ich erinnere mich an einen, der – zufällig ausgelost – beim österreichischen Bürgerrat Klima mitgemacht hat. Er war vorher eher politikverdrossen und hatte nachher so Lust darauf, mitzugestalten, dass er sogar mit anderen einen Verein gegründet hat.

In Ihrer Forschung nutzen Sie oft den Begriff Solastalgie. Was bedeutet das?
Das ist eine Wortschöpfung von Glenn Albrecht, einem Umweltphilosophen in Australien. Er hörte immer wieder von Leuten, wie sehr sie darunter litten, dass sich die Landschaft veränderte. Der Begriff setzt sich zusammen aus dem englischen Wort für Trost, *solace,* und dem griechischen Wort *algus* für Schmerz. Er klingt absichtlich ein bisschen nach Nostalgie.

Was sind die »Symptome«?
Ich sage immer, es ist wie Heimweh nach der Heimat, die verloren geht – obwohl man noch da ist. Wenn man sieht, wie Landschaften, die vorher vielleicht eine Quelle von Glück und Trost waren, es plötzlich nicht mehr sind. Auch Orte sind identitätsstiftend. Vermutlich liegt das daran, dass die eigene Kultur immer auch mit Landschaft verknüpft ist.

Wie kann man auf diese Trauer eingehen?
Wie bei anderen Trauerprozessen ist auch hier der Kern der erwartete oder eingetretene Verlust einer Bindung. Die Trauer hilft, zu akzeptieren, was man nicht ändern kann. Aber die Kehrseite von Trauer ist Liebe. Und da kann man sich fragen, wie man diese Liebe zur Natur auf neue Art ausdrücken kann. Auch abseits der Trauer. ▪

MUT ZUR NACHHALTIGKEIT

ZEIT WISSEN-Kongress

Am 16. September findet wieder der ZEIT WISSEN-Kongress in Berlin statt. Dort wird **Katharina van Bronswijk** über die Zusammenhänge von Klimakrisen und psychischer Gesundheit sprechen. Sie ist niedergelassene Verhaltenstherapeutin in Berlin und Sprecherin der Psychologists for Future. In ihrem Buch »Klima im Kopf. Angst, Wut, Hoffnung: was die ökologische Krise mit uns macht« beschäftigt sie sich unter anderem mit dem Schmerz, den wir spüren, wenn sich Landschaften verändern – oder ganz verschwinden.

mut-zur-nachhaltigkeit.zeit.de

Wie das Böse immer wieder scheitert

Die Macht mancher Autokraten scheint unerschütterlich. Gerade diese Illusion ist der Schlüssel zu ihrem Sturz

Text Tobias Hürter **Illustrationen Steven Wilson**

Im Jahr 1968 wurde das kleine westafrikanische Land Äquatorialguinea nach Jahrhunderten spanischer Kolonialherrschaft unabhängig. Doch die Freiheit brachte keinen Segen. Die Bewohner des Landes wählten Francisco Macías Nguema zu ihrem ersten Präsidenten. Der erste Mensch, der Nguemas Macht zu spüren bekam, war sein Gegenkandidat Ondo Edu. Der war ins Exil geflohen, aus Angst, in seiner Heimat nicht mehr sicher zu sein. »Dir wird nichts passieren«, versprach ihm Nguema. Edu machte den Fehler, es zu glauben. Nach seiner Rückkehr wurde er wegen angeblicher »politischer Verbrechen« ohne Prozess inhaftiert, vermutlich gefoltert und ermordet. Nguema behauptete, Edu habe Suizid begangen. Es war ein richtig übler Move.

Wäre Nguema dann wenigstens ein glücklicher Übeltäter gewesen – aber nein. Niemand war glücklich. Die gesamte Bevölkerung Äquatorialguineas litt. Als die Arbeitskräfte aus dem benachbarten Nigeria wegen der schlechten Behandlung Äquatorialguinea verließen, wollte Nguema den Verlust mit Zwangsarbeit ausgleichen, worauf auch viele Einheimische das Weite suchten: zwei Drittel der Bevölkerung.

Die Repressalien wurden immer irrer. Nguema, dessen Bildung lediglich in einem einfachen Schulabschluss bestand, verbot den Gebrauch des Worts »intellektuell«. Sein Misstrauen wuchs zum paranoiden Wahn. Er ließ politische Gegner, aber auch Verbündete brutal zu Tode foltern. Von den zwölf Ministern seines ersten Kabinetts überlebten nur zwei. Um seinen Palast zu schützen, ließ er eine vier Meter hohe Mauer um das alte Viertel der Hauptstadt bauen. Nguema war ein kranker Mann. Er wusste es selbst. Es war niemand mehr da, der ihm hätte helfen können.

Nguema ließ grundlos seine eigenen Offiziere hinrichten, auch Verwandte, bis einer von ihnen genug hatte. Sein Neffe Teodoro Obiang zettelte einen Aufstand gegen Nguema an und befreite die Gefangenen aus den Folterzellen. Nguema floh in den Dschungel, wurde gefasst und nach kurzem Prozess hingerichtet.

Wer die Macht über Millionen an sich reißt, sperrt sich in ein selbst gebautes Gefängnis ein

Eine schlimme Geschichte, die ein Muster zeigt: Man könnte meinen, dass sich Despoten auf Kosten der Menschen, die sie beherrschen, ein schönes Leben machen. Doch solch ein Despotenleben ist geprägt von Misstrauen und Einsamkeit, begleitet von Gewalt und der ständigen Angst, ein Messer in den Rücken gerammt zu kriegen. Nein, Despot ist kein lohnendes Berufsziel. Diese Einsicht muss sich noch unter den machtgierigen Männern dieser Welt herumsprechen. Despotinnen sind selten.

Im Prinzip mag so ein Diktatorendasein Vorzüge haben. Man kann nach Belieben schalten und walten, ohne sich um demokratische Kontrolle scheren zu müssen. Man kann sich schamlos bereichern und widerspenstige Kritiker einfach verschwinden lassen. Die Bevölkerung leidet? Egal, ich will ja nicht gewählt, sondern gefürchtet werden.

Eine fundamentale Paradoxie prägt das Dasein von Diktatoren: Wer die Macht über Millionen an sich reißt, sperrt sich in ein selbst gebautes Gefängnis ein, gemeinsam mit seiner Paranoia, abgeschnitten von menschlicher Nähe, schließlich zerstört von der einst ersehnten Macht. Diktatoren sind gequälte Wesen. Sie haben es verdient.

Psychologische Studien zeigen, dass Diktatoren oft an einer charakteristischen Kombination seelischer Erkrankungen leiden, vor allem an Paranoia und Größenwahn. Viele von ihnen zeigen Symptome von malignem Narzissmus. Der britische

Mediziner und Außenpolitiker David Owen prägte in seinem Buch *In Sickness and in Power* den Begriff des Hybris-Syndroms für den psychischen Ausnahmezustand, in den dauerhaft gehaltene Macht die Machthaber versetzt: »irrational, unruhig, rücksichtslos und impulsiv«. Bereits bei gemäßigteren Staatsoberhäuptern wie Margaret Thatcher, George W. Bush und Tony Blair diagnostizierte Owen das Hybris-Syndrom. Bei Diktatoren schlägt es voll zu.

Vor allem die unvermeidliche Paranoia ist es, die das Diktatorenleben vergällt. Saddam Hussein ließ sich seine Mahlzeiten täglich an mehreren Orten gleichzeitig zubereiten. Er hatte mehrere kosmetisch operierte Doubles. Kim Jong Il fürchtete sich so sehr vor Anschlägen, dass er ausschließlich in einem gepanzerten Zug reiste, sogar für seine Staatsbesuche im gut 10.000 Schienenkilometer entfernten Moskau. Die Paranoia Josef Stalins wurde während seiner Herrschaft immer schlimmer, bis er sich schließlich einbildete, seine eigenen Ärzte wollten ihn vergiften. Die »Aufdeckung« dieser angeblichen Verschwörung der »Mörderärzte« führte zu Verhaftungen, Hinrichtungen und mysteriösen Unfällen. Laut seiner Tochter Swetlana war er in den letzten Minuten seines Lebens »entweder wahnsinnig oder wütend und voller Todesangst«.

Im Jahr 1938 ließ Josef Stalin seinen letzten Freund hinrichten, der gewagt hatte, ihm Widerworte zu geben. Seitdem lebte er in tiefer Einsamkeit, umgeben nur noch von Lakaien, die ihm sagten, was er hören wollte. Unter dem unablässigen Stress erlitt er mehrere Schlaganfälle, vermutlich verursacht durch Bluthochdruck – der nicht fachgerecht behandelt wurde, da er sich seiner Ärzte entledigt hatte. Er war ein starker Raucher, ein schlechter Schläfer, er mochte salziges Essen und georgischen Wein. Sogar der Alkohol war ein Machtinstrument für ihn. Wer Josef Stalin besuchte, musste mit ihm trinken und über seine Witze lachen.

Auf diese Weise geraten viele Diktatoren in einen Teufelskreis, der sie wegträgt von der Wirklichkeit. Als autoritäre Herrscher können sie Irrtümer kaum zugeben. Sie verheddern sich in ihrer eigenen Propaganda. Kritische Berater werden durch Schmeichler ersetzt, Oppositionelle und Journalisten zum Schweigen gebracht. Zuletzt erwischt es die alten Freunde. Der Diktator driftet in die völlige Einsamkeit.

Die Paranoia kann gerechtfertigt sein. Wer gewaltsam herrscht, macht sich Feinde. Chinas »Großer Führer« Mao Zedong entkam einem Staatsstreich, den sein Stellvertreter Lin Biao geplant haben soll. Die Schwiegersöhne von Saddam Hussein verschworen sich, um seinen ältesten Sohn umzubringen. In ständiger Angst vor einem Attentat oder Staatsstreich zu leben, ist eine psychische Folter, für die weder Luxus noch Macht entschädigen können.

Das Perfide an Diktaturen ist, dass die Qualen nicht nur die Diktatoren selbst befallen. Die Herrscher stecken die Bevölkerung damit an. Nach dem Zweiten Weltkrieg beschrieb die Philosophin Hannah Arendt in ihrem Buch *Elemente und Ursprünge totaler Herrschaft,* wie totalitäre Regime ihre Bevölkerung in Einsamkeit stürzen, indem sie die Menschen isolieren und ängstigen. Sie säen Misstrauen, zerstören die Beziehungen zwischen den Menschen und deren Kontakt zur Realität. So zementieren sie ihre Macht. Sie ruinieren das Kulturleben und die Medien. Sie spalten Familien und Freundschaften. Sie machen ihr Land zu einer großen, kalten Echokammer. Der Einsamste und Ängstlichste von allen ist jedoch der Diktator selbst – unfähig, irgendwem zu trauen, umgeben von Kriechern, abgeschnitten von echter menschlicher Nähe.

Diktaturen gehören zu den großen Übeln der Menschheit. Sie enden oft ähnlich. Das lässt hoffen

Die Diktatur ruiniert den Diktator, auch den schlimmsten von allen: Adolf Hitler. »Er wollte nicht der erste Diener eines Staates sein, sondern Der Führer – ein absoluter Herr«, schrieb der Schriftsteller Sebastian Haffner über Hitler, »und er erkannte richtig, dass absolute Herrschaft nicht in einem intakten Staatswesen möglich ist, sondern nur in einem gebändigten Chaos.« Hitlers körperlicher und geistiger Verfall in diesem selbst verursachten Chaos, verschärft durch seinen Medikamentenkonsum, zeigt

---

Die Serie in ZEIT WISSEN

WIRD SCHON WIEDER?

1. TEIL: DAS SCHLIMMSTE AN DER KRISE IST DIE ANGST VOR IHR
(Ausgabe 3/2025, nachbestellbar unter zeit.de/zw-archiv)

2. TEIL: ERINNERUNG KANN ZUR KRAFTQUELLE WERDEN
(Ausgabe 4/2025, nachbestellbar unter zeit.de/zw-archiv)

3. TEIL: WIE DAS BÖSE IMMER WIEDER SCHEITERT
(in dieser Ausgabe)

Muammar al-Gaddafi (Libyen) reiste mit einem kugelsicheren Beduinenzelt, das er auch bei Staatsbesuchen in Rom und Paris aufschlagen ließ.
Vorige Seite: Francisco Macías Nguema (Äquatorialguinea) verbot das Wort »intellektuell« und ließ Brillenträger verfolgen, da er Brillen als Zeichen westlicher Bildung ansah.

sich in Bild- und Tondokumenten. Seine einst kräftige Stimme klang immer heiserer und zittriger, bis er schließlich nur noch flüstern konnte. Er ging schlurfend und vornübergebeugt, der linke Arm zitterte. Ähnliche Verläufe lassen sich bei anderen Gewaltherrschern beobachten. Mao Zedong zeigte Symptome der Nervenerkrankung ALS, Franco litt an Parkinson. Auffällig viele Diktatoren starben nach langen Phasen des fortschreitenden Verfalls.

Diktatur ist nicht gleich Diktatur. Es gibt Militärdiktaturen, Parteidiktaturen und personalisierte Diktaturen. Manche Diktatoren wollen sich durch eine Revolution legitimieren, andere durch eine Tradition. Es gibt Faschisten, Kommunisten und unideologische Pragmatiker. Manche veranstalten Scheinwahlen. Aber ihre Charaktere sind bemerkenswert gleichförmig. »Sie alle leiden unter Paranoia und Narzissmus, sie sind alle sehr aggressiv, und sie mögen es, andere zu demütigen«, sagt die amerikanische Historikerin Ruth Ben-Ghiat, die eine Studie über Autokraten mit dem Titel *Strongmen* geschrieben hat. Sie sei erstaunt gewesen, wie konsistent sich diese Persönlichkeitsmuster bei Diktatoren in ihrer Forschung zeigten.

Es wäre zu einfach, Diktatoren als arme Irre abzutun. Sie sind irre und erbärmlich, aber auch funktionstüchtig. Ben-Ghiat erkennt fünf zentrale Instrumente, die alle Diktatoren einsetzen: Nationalismus schafft die emotionale Basis für außergewöhnliche Maßnahmen. Propaganda erzeugt alternative Realitäten. Maskulinität ist ein Symbol für Stärke. Korruption schafft Loyalitätsnetzwerke. Gewalt bewirkt ein »besonderes psychologisches Klima« (Ben-Ghiat), sie weckt den Nervenkitzel der Überschreitung und dient der Unterwerfung.

Diktatoren sind Scheinriesen. Aus der Ferne wirken sie gewaltig. Je näher man ihnen kommt, desto mickriger werden sie. Wie lässt sich ihre Schwäche nutzen, um ihnen den verdienten Stoß vom Thron zu geben? Diese Frage untersucht der Politikwissenschaftler Marcel Dirsus in seinem Buch *Wie Diktatoren stürzen.*

Der Schlüssel zum Sturz eines Diktators ist laut Dirsus das »Paradox der goldenen Pistole« – eine Universalie der Gewaltherrschaft. Eine Weile mag es dem Despoten gelingen, seine Macht mit Gewalt und Angst zu sichern. Doch irgendwann kommt der Moment, in dem er selbst zur Waffe greifen muss. Dann hat er verloren.

Den Namen der Paradoxie hat Dirsus der traurigen Geschichte des libyschen Diktators Muammar al-Gaddafi entnommen, der sich »Bruderführer« nannte und 42 Jahre lang die Menschen in seinem Land unterdrückte und terrorisierte – bis er im Jahr 2011 in einem Abwasserrohr kauerte, umringt von Aufständischen, und mit einer

Nicolae Ceaușescu (Rumänien) ordnete eine polizeiliche Registrierungspflicht für Schreibmaschinen an. Wegen seiner geringen Körpergröße ließ er die Marmortreppen im »Palast des Volkes« auf sein Schrittmaß umbauen. Seine letzten Worte vor seiner Hinrichtung waren: »Die Geschichte wird mich rächen!«

goldenen Pistole fuchtelte, die er all die Jahre als Zeichen seiner Macht am Gürtel seiner Uniform getragen hatte. Nun wirkte es lächerlich. Die Macht eines Diktators existiert nur, solange andere an sie glauben. Verschwindet dieser Glaube, steht der Diktator blank da wie Gaddafi mit seiner Knarre.

Auch Nicolae Ceaușescu, Rumäniens kommunistischer Staatschef, bildete sich nach mehr als 20 Jahren an der Macht ein, unantastbar zu sein. In seinem Größenwahn driftete er so weit von der Realität ab, dass er die Signale des Aufbegehrens in seinem Land im Jahr 1989 verkannte.

Bei einer Massenkundgebung vor dem Parteipalast in Bukarest am 21. Dezember 1989 trat Ceaușescu in grotesker Selbstüberschätzung auf den Balkon – und konnte nicht fassen, dass ihm statt Jubel Buhrufe und »Nieder mit dem Mörder!« entgegenschallten. Das Staatsfernsehen schaltete weg. Die Sicherheitspolizei schoss in die Menge. »Wenn du schießen musst, ist es zu spät« – diese Diktatorenregel ist vielfach bestätigt.

Ceaușescus Aura der Allmacht war verflogen. »Das Genie der Karpaten«, wie Ceaușescu sich selbst nannte, stand als der armselige Tropf da, der er war. Das Militär verweigerte ihm den Gehorsam. Mit seiner Frau Elena, die sich selbst »weltberühmte Wissenschaftlerin« nannte, floh er per Hubschrauber. Der unwillige Pilot setzte das Paar auf einem Feld ab. Ein Militärgericht verurteilte die Ceaușescus zum Tod durch Erschießen. Vor seiner Hinrichtung sang Nicolae Ceaușescu die *Internationale.*

Diktatoren sind Herrscher, die sich auf dem Weg zur absoluten Macht wähnen, sich aber in Wahrheit immer weiter in ihren Wahn versteigen. Es ist der (leider oft lange) Weg in den Abgrund. Gerade worin sich wachsende Stärke zu zeigen scheint, ist ein Zeichen von Schwäche: das ist das Paradox der goldenen Pistole.

Das Muster zeigt sich immer wieder. So zerbröselte das Regime des philippinischen Machthabers Ferdinand Marcos binnen Tagen, als im Februar 1986 die People-Power-Revolution losbrach. Millionen strömten auf die Straßen Manilas, stellten sich betend vor Panzer und feierten auf der Epifanio de los Santos Avenue für die Demokratie. Der Verteidigungsminister und der Militärchef, Marcos' zwei mächtigste Verbündete, liefen zu den Protestlern über. Marcos blieb nur die Flucht ins Ausland. Marcel Dirsus zitiert eine Studie amerikanischer Politikwissenschaftlerinnen, der zufolge 69 Prozent aller Diktatoren im Exil oder im Gefängnis enden oder umgebracht werden. Betrachtet man hingegen sämtliche politischen Systeme, trifft nur 23 Prozent der Regierenden solch ein Schicksal.

Drei Faktoren erkennt der Politikwissenschafter Dirsus, die eine Diktatur ins Wanken bringen können: Massenproteste, eine Revolte im inneren Kreis und ein ökonomischer Kollaps.

Meist führt ein Zusammenspiel dieser drei Faktoren zum Sturz eines Diktators. Bei Zine el-Abidine Ben Ali in Tunesien begann es mit einer wirtschaftlichen Misere. Sein kleptokratischer Familienclan häufte Reichtümer an, während die Bevölkerung verarmte. Vor allem unter jungen Leuten stieg die Arbeitslosigkeit. Die Selbstverbrennung eines Gemüsehändlers im Dezember 2010 war der auslösende Funke für Massenproteste. Binnen Wochen entlud sich die Wut über Korruption und Perspektivlosigkeit in einem landesweiten Aufstand. Ben Ali versuchte, mit Gewalt dagegenzuhalten, doch die eherne Diktatorenregel galt auch für ihn: »Wenn du schießen musst, ist es zu spät.« General Rachid Ammar weigerte sich, auf Demonstranten schießen zu lassen. »Du bist am Ende«, beschied er seinem Präsidenten. Am 14. Januar 2011 floh Ben Ali außer Landes. In Tunesien begann eine Ära freier Wahlen und friedlicher Machtübergaben.

Da ist nichts zu verharmlosen: Diktaturen gehören zu den größten Übeln der Menschheit. Doch es ist tröstlich, dass sie einen eingebauten Selbstzerstörungsmechanismus haben. Natürlich gibt es keinen Automatismus, dass ein Tyrannensturz in eine stabile Demokratie führt. In Tunesien löste der 2019 frei gewählte Präsident Kais Saïed das Parlament auf, entließ den Premierminister, schrieb die Verfassung um und regiert nun im Stil eines Autokraten.

Der Blick in die Geschichte zeigt jedoch, dass Diktaturen überwindbar sind. Gerade wenn ihre Macht unerschütterlich zu sein scheint, sind sie oft innen brüchig. Mit ihrer Hybris, ihrer Paranoia und ihrer Gewalt schaffen Diktatoren die Voraussetzungen für ihren eigenen Niedergang.

Marcel Dirsus schlägt folgende Strategie vor, um Diktatoren zu stürzen. Erstens: Den Diktator persönlich schwächen; zweitens: Die demokratischen Eliten gezielt stärken; drittens: Die Bevölkerung ermutigen.

Möglichst alles drei gleichzeitig, um die Diktatur richtig in die Zange zu nehmen. Mit Sanktionen, Boykotten, Embargos und Einfrieren von angelegtem Vermögen. Mit der Förderung von Oppositionsgruppen. Mit breiten Informationskampagnen und Sabotage staatlicher Überwachung.

Die Macht eines Diktators hängt oft von einer kleinen Gruppe von Schlüsselpersonen ab, gerade das macht sie störanfällig. Ein Militärregime muss damit rechnen, dass rivalisierende Offiziere nach der Macht greifen. Einparteienstaaten müssen konkurrierende Fraktionen innerhalb der Regierungspartei ausbalancieren. Diktatorische Macht ist ein klar definiertes Angriffsziel. Der Widerstand gegen sie kann überallher kommen – diese Asymmetrie gilt es zu nutzen.

Diktatoren zu stürzen, ist ein langes Spiel, aber die Gewinnchancen stehen gut. Wenn es hart auf hart kommt, steht ein Alleinherrscher immer allein da. ▪

Von Karlsruhe nach Finnland gereist, um Gold zu suchen:
Simon Hector, Yannick Vogel, Regina Albrecht, Jochen Kolb (von links)

GOLDGRÄBER-STIMMUNG

Das Universum hat uns ein Metall geschenkt, das weitgehend nutzlos ist. Trotzdem lässt der Mensch nichts unversucht, um es aus der Erde zu holen. Was sagt uns das?

Text
Max Rauner

Steine erzählen Geschichten. Aber Steine können nicht reden. Deshalb braucht es Menschen, die die Steinsprache verstehen. An einem Montag im Mai umringen drei Geologen und eine Geologin einen Findling in Finnland und versuchen herauszufinden, was er uns zu sagen hat. Sie hämmern auf ihn ein und hoffen, dass er eine Geschichte vom Gold erzählt.

Das Expeditionsteam ist vor einer Woche mit dem Flugzeug aus Deutschland angereist und hat in Oulu einen Kleinbus gemietet. Eine Doktorandin, ein Bachelorstudent, ein Postdoc, ein Professor. Sie tragen Cargohosen und Wanderstiefel. Geologenhammer am Gürtel, Lupe um den Hals, Kompass in der Tasche. Im Rucksack: Gesteinsproben. Sie haben den Bus an einem Feldweg geparkt und sind weitergelaufen bis zu einer einsamen Saunahütte. Dann querfeldein durchs Gestrüpp wie eine Jagdgesellschaft. Ein bisschen ist es ja auch eine Jagd, nur dass das Ziel nicht wegläuft.

Der Mann mit Ziegenbart und Pferdeschwanz ist der Professor, er heißt Jochen Kolb und ist Experte für Geochemie und Lagerstättenkunde am Karlsruher Institut für Technologie. Seine gesamte Karriere lang hat er Gold gesucht, inzwischen seit fast 30 Jahren, zehn Jahre davon als Geologe im dänischen Staatsdienst, zuständig für Grönland. Dort hat er 15 Goldvorkommen aufgespürt. Außerdem hat er rund um den Globus um die 50 Goldminen besucht und Gesteinsproben genommen, große Minen und kleine, legale und illegale, in Simbabwe, Namibia, Indien, Australien, Südafrika, an der Elfenbeinküste, in Indonesien und auf den Philippinen. Jochen Kolb ist der Goldpapst.

Während seiner Doktorarbeit war eine Feinunze Gold (rund 31 Gramm) 250 Euro wert, heute kostet sie mehr als das Zehnfache. Jochen Kolb hat davon nicht

Fotos: Max Rauner

profitiert. Er besitzt mit Ausnahme seines Eherings kein einziges Gramm Gold. »Gold ist der nutzloseste Rohstoff der Welt«, sagt er. Seiner wissenschaftlichen Begeisterung für das Element tut das keinen Abbruch.

Nur acht Prozent des weltweit abgebauten Goldes werden von der Industrie genutzt, etwa für Smartphone-Elektronik und Zahnkronen. 50 Prozent werden zu Schmuck verarbeitet, 42 Prozent zu Goldbarren und Münzen. Um ein Gramm Gold zu gewinnen, müssen Bergbaukonzerne bis zu tausend Kilo Erz zerkleinern, manchmal auch mehr. Die Energie, mit der man das Gold für Jochen Kolbs Ehering aus dem Berg geholt hat, würde ausreichen, einen Kühlschrank zehn Jahre lang laufen zu lassen. Für die 3.600 Tonnen Gold, die jährlich auf der Welt abgebaut werden, wird die Erzmenge eines mittleren Alpenbergs pulverisiert.

Der Mensch betreibt also einen Riesenaufwand, um einen Stoff aus der Erde zu holen, den er danach zum Großteil hinter Panzertüren und in Tresore schließt, damit niemand drankommt. Das ist bekloppt oder genial, je nachdem, wen man fragt.

Wenn man Jochen Kolb fragt, sagt er: »So ein Goldkörnchen im Gestein, das hat eine gewisse Faszination. Aber warum die Menschheit so viel Geld in dieses Metall investiert, verstehe ich nicht.« Einerseits hat er gesehen, wie Gold den Menschen Arbeit bringt. Gerade in armen Ländern. Andererseits zahlen Mensch und Umwelt mitunter einen hohen Preis dafür. In illegalen Goldminen nutzen die Arbeiter oft das schädliche Quecksilber, um Gold aus dem Gestein zu lösen. Ein Bergarbeiter, mit dem Kolb in Indonesien ins Gespräch kam, habe demonstrativ etwas Quecksilber heruntergeschluckt und gesagt: Schau mal, ich lebe noch.

Jochen Kolb ist Naturwissenschaftler. Er muss die Menschen nicht verstehen. Er ist schon froh, wenn er die Steine versteht.

Über dem Expeditionsteam kreisen Kraniche, am Waldrand zieht ein Rentier vorbei. Es ist eigentlich ganz idyllisch hier, wenn nur die Mücken nicht wären. Auch die Tatsache, dass das Team nun seit einer Woche noch kein Gold gesehen hat, trübt die Stimmung ein wenig. »Innerlich ist da eine ganz leise Hoffnung«, sagt der Bachelorstudent Yannick Vogel, »aber ich rechne lieber nicht damit, dann ist man am Ende nicht enttäuscht.«

Ein Riesenaufwand, um ein Metall aus der Erde zu holen, das danach in Tresore weggesperrt wird

Regina Albrecht testet, ob der Stein magnetisch ist. Im Labor wird sie ihn mit Hightech nach Goldpartikeln durchsuchen

Gold ist da, wo man es findet, lautet eine Faustregel. Das bedeutet: Trotz modernster geologischer Methoden wie Magnet- und Gravitationsfeldmessungen, Satellitenerkundung und Geochemie lässt sich Gold nicht so systematisch aufspüren wie etwa Kupfer. Gold ist ein Element der Überraschung.

Der Findling liegt am Rand eines Steinhaufens in der Mitte einer Wiese. Aus dem Weg geräumt für die Landwirtschaft. Die Doktorandin Regina Albrecht nimmt jetzt den Meißel zu Hilfe, um ein Stück abzuschlagen. Dann pustet sie die Krümel weg und betrachtet das Bruchstück unter der Lupe. Sie holt einen Magneten aus der Tasche und hält ihn an den Stein. Es fallen Begriffe wie Pyrit, Arsenopyrit, Chalkopyrit, Quarzgänge, Destral, Sinistral, Chloritisierung, Schieferung, disseminierte Sulfit-Vererzung – Steinsprache.

Die Expedition nach Finnland sollte zunächst der Grundlagenforschung dienen und die Frage klären: Wie kommt das Gold aus den Tiefen der Erdkruste in die Reichweite des Menschen? Aber dann überholte die Weltlage die Forscher. Donald Trump stellte vergoldeten Zierrat auf den Kaminsims im Weißen Haus und schwärmte von den Bodenschätzen auf Grönland und in der Ukraine. China beschränkte die Ausfuhr Seltener Erden. Die EU verabschiedete ein Gesetz zu kritischen Rohstoffen und möchte verstärkt heimische Rohstoffe fördern. Nun scheint es, als sei jeder Hammerschlag nicht nur ein Schlag für die Geochemie, sondern auch einer für die Geopolitik. Denn in Skandinavien liegt Gold oft nicht allein in der Erdkruste, sondern in Gesellschaft anderer Bodenschätze, deren alleiniger Abbau sich in Ländern mit hohen Löhnen oft nicht rechnet. »Darauf liegt jetzt unser Fokus«, sagt Jochen Kolb, »das gibt es in Europa sonst nicht.« Der Goldpreis hat sich innerhalb von vier Jahren verdoppelt und ist inzwischen so hoch, dass er den Abbau dieser Elemente in Europa vielleicht mitfinanzieren kann. Es geht um Nickel, Kobalt, Kupfer, Seltene Erden und andere Schätze, von denen gerade die halbe Welt redet.

Journalisten haben den Weg von Kupfer aus den Minen in der Atacama-Wüste bis zu den Windradfabriken in Cuxhaven verfolgt. Sie besuchten illegale Goldminen im Amazonas und in Ghana. Sie schrieben über den geplanten Bergbau in der Tiefsee. Es sind zumeist eher deprimierende Geschichten, in denen die Umwelt und die Arbeiter die Leidtragenden sind.

Da erscheint Finnland doppelt interessant. Es ist geologisch interessant, weil es sich zusammen mit Schweden und Norwegen den Grünsteingürtel teilt. Das ist das älteste Gestein des Kontinents, entstanden vor zwei bis drei Milliarden Jahren, reich an Gold, Kupfer, Kobalt, Nickel und anderen Schätzen. Zweitens ist Finnland politisch interessant, weil es zur EU gehört. Die Umwelt- und Arbeitsauflagen sind streng. In den Minen arbeiten keine Kinder. Und je mehr eigene Rohstoffe die EU fördert, desto weniger ist sie von China, Trump und dem Rest der Welt abhängig.

Die Karlsruher haben Karten vom Geologischen Dienst mitgebracht. Das ist Finnlands nationale Behörde, die das ganze Land mit Probebohrungen durchlöchert hat. Wohl kein EU-Land hat sein Territorium so gründlich untersucht wie Finnland. Auch der Findling, den das Expeditionsteam umringt, liegt in der Nähe einer solchen Bohrung. Außerdem hatten diverse Bergbaufirmen hier schon mal ihre Ansprüche abgesteckt, allerdings wurde nie eine Mine gebaut.

Regina Albrecht sieht durch die Lupe etwas glitzern. »Hier, wo mein Finger ist«, sagt sie und reicht den Stein an Simon Hector weiter, den Postdoc. Ist das ein Körnchen Gold? »Es ist gelb«, sagt Hector, »aber ich bin nicht sicher.« Noch eine Faustregel: Wer zweifelt, hat kein Gold gefunden. Denn echtes Gold lässt keinen Zweifel – es glänzt. »Ich würde es trotzdem mal dem

Plötzlich scheint es, als wäre jeder Hammerschlag für die Geochemie auch von Nutzen für die Geopolitik

Jochen zeigen«, sagt Regina Albrecht und ruft den Professor hinzu. Kolb schaut durch die Lupe. Was sagt der Goldpapst? Er sagt: »Nee, der Glanz ist nicht hoch genug, das ist viel zu weiß.« Es ist kein Gold, sondern Katzengold, geologisch Pyrit, chemisch Eisendisulfid, englisch *fool's gold,* Narrengold.

»Tja«, sagt Simon Hector. Er ist ein Franzose aus Nancy, zwei seiner Opas waren Bergarbeiter. »Tja« ist sein Lieblingswort, im Französischen gibt es das nicht. Dann erzählt er von dem Seefahrer Jacques Cartier, der im 16. Jahrhundert einen Seeweg nach Asien suchte und im heutigen Kanada landete. Er glaubte, Gold gefunden zu haben, raffte so viel wie möglich zusammen und kehrte schnell heim, um dem französischen König den Schatz zu überreichen. Es war Katzengold. Jacques Cartier hatte sich blamiert. Tja.

Vor Jahrmilliarden bildeten sich Risse im Gestein, die sich mit mineralhaltigen Fluiden füllten. Heute sind dort versteinerte Narben

Trotzdem ist der Fund der Karlsruher wichtig. Denn wo Katzengold im Gestein vorkommt, findet man oft auch Gold, nur sieht man es mit bloßem Auge nicht. Es ist von anderen Mineralen umgeben. Der Seefahrer Jacques Cartier konnte es nicht wissen, er hatte kein Mikroskop. Man muss die Steine zermahlen, um an die Goldpartikel heranzukommen. Drei Viertel des Goldes, das heute weltweit abgebaut wird, stammen aus solchem Erzgestein (den Rest liefern Vulkangestein und Nuggets aus Flussbetten). Die Fachwelt spricht von orogenen Lagerstätten, abgeleitet aus dem griechischen *oros* für Berg und *genesis* für Entstehung.

Und das ist die Geschichte, die dieser Findling erzählt: Vor ein paar Milliarden Jahren bildeten sich die Planeten unseres Sonnensystems aus einer kosmischen Scheibe Staub. Den Staub hatten kollidierende und explodierende Sterne einst ins All katapultiert. Er vereinte so ziemlich das gesamte Periodensystem der Elemente, darunter jede Menge Goldatome. Im ersten Bauabschnitt der Erde, als unser Planet noch eine glühende Magmakugel war, sank das Gold zusammen mit großen

Mengen Eisen, Nickel und ein paar anderen Schwergewichten in Richtung Erdkern. Der Planet kühlte ab. Das Magma an der Oberfläche erstarrte zur Erdkruste, der Wasserdampf kondensierte zu Wasser. Es bildeten sich Ozeane und Kontinentalplatten.

Der rotbraune Findling war damals Teil einer Kontinentalplatte, die sich unter eine andere Platte schob und dabei in eine Tiefe von etwa vier Kilometern

In Lappland befindet sich die größte Goldmine Europas. Mit einer Kantine in 900 Meter Tiefe

gedrückt wurde. Dort herrschten Temperaturen um 500 Grad und ein enormer Druck. Immer wieder bildeten sich Risse im Gestein. Sie füllten sich mit einem Mineralcocktail, der sich kilometerweit durchs Gestein presste. Die Minerale kristallisierten aus und bildeten Adern aus Gold, Nickel, Silber, Kobalt, Quarz und mehr. Im Laufe der Jahrmillionen wurde alles zu einem Gebirge aufgefaltet, majestätisch wie heute die Alpen. Es ist schwer, sich das vorzustellen, wenn man mit dem Zug stundenlang durchs finnische Flachland fährt. Eiszeiten und Erdrutsche haben das Gebirge platt gemacht. »Und jetzt haben wir das Gold halt wieder an der Oberfläche«, sagt Jochen Kolb. Die Alpen werden übrigens auch mal so enden, aber das dauert noch.

Regina Albrecht packt das Bruchstück mit dem Katzengold in eine Plastiktüte und schreibt »Hu-2025-001« darauf. Das Hu steht für Huhta, so heißt die Gegend. In Karlsruhe wird Albrecht in den Gesteinsproben mit Hightechgeräten nach Gold suchen. Theoretisch könnte ihre Forschungsarbeit eines Tages eine kommerzielle Goldexploration triggern. Ab einer Menge von etwa einem Gramm pro Tonne Erz lohnt sich der Abbau. Es gibt aber ein Problem: Man weiß nicht genau, wo man graben muss. Denn während der Eiszeit haben Gletscher den Findling womöglich über Hunderte von Kilometern durchs Land geschoben. Albrecht und ihre drei Kollegen packen ihre Sachen zusammen und ziehen weiter. Als Nächstes wollen sie fest verankerte Steinflächen untersuchen, die wie versteinerte Walfische aus dem Waldboden ragen. Sogenannte Aufschlüsse.

So geht das Tag für Tag. Steine suchen. Steine schlagen. Steine sammeln. Abends sitzen sie in ihrer Airbnb-Unterkunft, einer ausgebauten Scheune, und Jochen Kolb erzählt Geschichten von Grönland. Jedes Jahr brauchte er ein neues Paar Wanderschuhe wegen der scharfkantigen Felsen. Zu vielen Steinen wurde er mit dem Hubschrauber geflogen. Oder er fuhr mit dem Boot zwischen Eisbergen von Bucht zu Bucht. Von den Gletschern wehte der Wind mitunter so heftig, dass ihm nachts die Zeltwand ins Gesicht drückte.

In sieben Meter Tiefe entdeckt: ein Goldnugget. Ab einem Gramm pro Tonne Erz lohnt sich der Abbau

Von den Wänden der Airbnb-Wohnung beobachtet eine stumme Herde ausgestopfter Tiere die Runde, darunter mehrere Antilopen mit ihren prächtigen Hörnern, ein Zebra, ein Bär, ein Gepard, ein Warzenschwein. Fotos zeigen den Vermieter auf Großwildjagd in Afrika. Triumphierend hält er den toten Geparden im Arm. Dann lieber Gold jagen auf Grönland.

Die Trefferquote war niedrig. Von den 15 grönländischen Goldvorkommen, die Jochen Kolb gefunden hatte, wurden nur drei kommerziell erkundet. Und an keinem dieser Orte wurde schließlich eine Mine gebaut. Aber genau so funktioniert das Geschäft: Zuerst finden Geologinnen und Geologen erste Anzeichen für einen Bodenschatz. Dann wittert eine Juniorexplorationsfirma ihre Chance und holt sich Risikokapital, meistens an der Toronto Stock Exchange, der wichtigsten Rohstoffbörse der Bergbaubranche. Mit Probebohrungen erkundet sie den Untergrund. Faustregel: 999 von 1.000 Firmen scheitern in dieser Phase. Oft ist der Schatz doch nicht so groß wie erhofft. Oder die Investoren springen ab, weil alles zu lange dauert. Jochen Kolb sagt: »In Deutschland spielen die Menschen Lotto, in Kanada wetten sie auf Explorationsfirmen.«

Den Hauptgewinn zieht diejenige Juniorfirma, die am Ende von einem der großen Bergbaukonzerne übernommen wird. So war es in Kittilä im Norden Finnlands. 1986 wurden dort beim Straßenbau unverhofft Erze mit Gold entdeckt. Der Geologische Dienst erkundete die Region, eine schwedische Firma bekam die

Explorationslizenz. 2005 übernahm der kanadische Bergbauriese Agnico Eagle die Firma für rund 150 Millionen US-Dollar. Er baute das Erz zunächst im Tagebau, dann unterirdisch ab. Heute ist die Kittilä-Mine die größte Goldmine Europas. In 900 Meter Tiefe gibt es dort eine Kantine mit 100 Sitzplätzen.

Wenn die Sterne gewusst hätten, was sie mit ihrer Kernfusion in Gang setzen. Gold ist das Fleisch der Götter, glaubten die alten Ägypter. Platon zufolge wurde den Seelen der herrschenden Klasse bei der Geburt Gold beigemischt (und den Handwerkerseelen das Element Eisen). Der Lyderkönig Krösus brachte Goldmünzen als Zahlungsmittel unters Volk. Zeus suchte seine Geliebte Danaë als Goldregen auf (sie wurde schwanger). Die Inka betrachteten Gold als Tränen der Sonne. Dagobert Duck begründete seinen Reichtum als Goldgräber. In Indien bringen Bräute Gold als Mitgift in die Ehe ein. Auf Instagram streut der Fußballkönig Franck Ribéry Salz auf ein vergoldetes Steak. In Washington erklärte Donald Trump, er wolle nach Fort Knox fahren und nachschauen, ob Amerikas Goldreserven noch vollständig sind. Und in Finnland fahren Goldgräber mit einem Fahrstuhl in die Erdkruste und essen Hackfleischauflauf und Erbsensuppe.

Würde man alles Gold, das die Menschheit jemals aus der Erde geholt hat, zusammentragen, ließe sich daraus ein Würfel mit rund 22 Meter Kantenlänge herstellen. So viel Bohei um so wenig Metall? Vielleicht ist das die Botschaft des Goldes: Der Wert der Dinge liegt nicht nur in ihrer Nützlichkeit begründet, sondern in den Geschichten, die wir uns über sie erzählen.

Noora Ahola leitet die Firma Mawson, die nach eigener Schätzung 4.300 Tonnen Kobalt und 27 Tonnen Gold aus der Erde holen kann

Vom Gold gibt es nun eine neue Erzählung. Sie kommt aus Rovaniemi, der Hauptstadt von Lappland. In der Nähe wohnt der Weihnachtsmann. Und im Gewerbegebiet hinter dem Bahnhof hat die Juniorexplorationsfirma Mawson ihren Sitz, benannt nach dem australischen Geologen Douglas Mawson. Ein Dutzend Angestellte arbeiten hier, zumeist Geologen. Noora Ahola ist die Chefin, eine CEO mit fünf Kindern, fünf Pferden, drei Hunden, drei Katzen und einem selbstständigen Tischler-Ehemann, der sich um alles kümmert,

Alles Gold, das je aus der Erde geholt wurde, ergäbe einen Würfel mit 22 Meter Kantenlänge

wenn sie durch Europa tourt. Sie war schon in Frankfurt, München und Beirut, um Investoren zu gewinnen. Beirut? Nein, Bayreuth. Noora Ahola lacht. »Und Sonntag geht's nach Paris«, sagt sie und öffnet die Tür zu einer hell erleuchteten Lagerhalle.

Unter Neonlicht reihen sich meterlang schräge Tische aneinander. Darauf liegen Holzkästen mit sorgsam sortierten Stangen aus Stein, nicht viel dicker als eine Luftpumpe. Es sind die Abschnitte eines 500 Meter langen Bohrkerns. Die Leute von Mawson haben ihn 35 Kilometer südwestlich von Rovaniemi aus dem Boden gezogen. Seit gut zehn Jahren fahren dort Winter für Winter Spezialfahrzeuge durch die gefrorene Landschaft und bohren kreuz und quer in den Untergrund. Inzwischen hat die Firma rund 400 Löcher gebohrt und Steinstangen mit einer Gesamtlänge von über 100 Kilometern analysiert. In der Halle beugt sich ein Geologe über das Gestein und markiert Stellen, an denen er wertvolle Minerale sieht. Bohrkern für Bohrkern entsteht aus den Daten ein 3D-Bild der Erzlagerstätte.

Das Besondere ist: Hier kommt Gold zusammen mit Kobalt vor. Gold mag nutzlos sein, Kobalt ist es nicht. Kobalt ist ein wichtiger Bestandteil von Lithium-Ionen-Batterien und steht auf der EU-Liste strategisch wichtiger, kritischer Rohstoffe. Im Explorationsgebiet der Firma liegen 4.300 Tonnen Kobalt und 27 Tonnen Gold, schätzt das Unternehmen. Das Kobalt ist rund 120 Millionen Euro wert, das Gold 2,5 Milliarden. Mehr als 90 Prozent der Wertschöpfung kommen vom Gold. Im Krieg um Rohstoffe ist Gold also eine Art trojanisches Pferd. Es verschwindet zum Teil auf Nimmerwiedersehen im Panzerschrank, aber nur dank ihm kommt das Geld in die Kasse. »Unsere Mine würde ohne das Gold nie gebaut werden«, sagt Noora Ahola. Dann klingelt ihr Handy, und sie entschuldigt sich. Als sie zurückkommt, erzählt sie von den Drohungen.

Das Gesteinsarchiv: In elf Lagerhallen des Geologischen Dienstes Finnlands häufen sich Kisten mit Bohrkernen aus dem ganzen Land

In irgendeinem Supermarkt hat jemand einen Zettel mit ihrer Handynummer aufgehängt und dazugeschrieben, sie kaufe alte Geldscheine und Münzen auf. Das ist Quatsch. So etwas passiere ungefähr einmal pro Woche, sagt Ahola. Die Handelskammer von Lappland hat sie zur Unternehmerin des Jahres gewählt, und sie ist Mitglied im Vorstand des finnischen Bergbauverbands, aber für manche Menschen ist sie das Gesicht der bösen Bergbauindustrie. »Es gibt ein paar sehr aggressive Leute«, sagt sie, »die haben meine Privatadresse veröffentlicht und meinen Kindern den Tod gewünscht. Sie behaupten, wir würden die Landschaft zerstören und Finnland ausplündern.«

So viel Bohei um so wenig Metall? Der Wert der Dinge liegt in den Geschichten, die wir erzählen

Die Sorge vor Umweltschäden ist nicht unbegründet. Um Gold aus dem Erz zu lösen, verwenden Bergbaufirmen giftige Cyanidlauge, die nicht in den Boden gelangen darf. Außerdem enthalten viele Erze Schadstoffe wie Arsen. Der finnischen Goldmine Laiva Gold wurde im April die Betriebsgenehmigung entzogen, weil sie Boden und Wasser verschmutzt hatte. Laiva hat Widerspruch eingelegt und sucht neue Investoren.

»So etwas schadet der ganzen Branche«, sagt Noora Ahola. Sie war früher selbst bei der Umweltbehörde von Lappland angestellt und hat Naturschutzgebiete ausgewiesen. Mit Mawson steht sie nun auf der anderen Seite – und will ein Vorbild für verantwortungsvollen Bergbau sein. Das Erz soll unterirdisch abgebaut werden, nicht im Tagebau. Der Strom für das Zermahlen soll aus Wind-, Sonnen- und Kernenergie kommen (Letztere ist in Finnland weitgehend akzeptiert). Der Abraum soll für Gleisbetten und Straßen verwendet werden. Und die Investoren von Mawson kommen zu 80 Prozent aus Europa. Das Gold wäre irgendwie gutes Gold, europäisch, nützlich, nachhaltig. Die Kritiker kümmert das nicht. Sie sind trotzdem dagegen.

Das ärgert Noora Ahola und auch den Karlsruher Goldpapst Jochen Kolb: Unser Wohlstand hängt von Rohstoffen ab, aber sobald in Europa eine Mine eröffnet werden soll, gehen die Proteste los. »Bergbau ist ein notwendiges Übel, das wir akzeptieren müssen«, sagt Jochen Kolb, »Recycling allein wird niemals unseren Bedarf decken können.« Noora Ahola sagt: »Wir sollten uns alle mehr für Rohstoffe interessieren.« Dann erfühhad wir, dass zwei Drittel des weltweit geförderten Kobalts aus der Demokratischen Republik Kongo stammen, einem Failed State. Sie sagt: »Die Menschen verschließen die Augen vor der Realität.«

Steine erzählen Geschichten, und Geschichten brauchen eine Bibliothek. Die Bibliothek der Steine liegt eine Stunde nördlich von Helsinki im Wald. Es ist das Bohrkern-Archiv des Geologischen Dienstes. Früher war hier eine Hühnerfarm, heute stapeln sich in elf Lagerhäusern die Kisten mit Bohrkernen aus ganz Finnland, Gesamtlänge: mehr als 3.600 Kilometer. Jede Explorationsfirma muss nach Abschluss ihrer Arbeit einen repräsentativen Bohrkern an das Archiv übergeben. Umgekehrt kann jede Firma, die in Finnland nach Bodenschätzen sucht, hierherkommen und die Gesteinsproben unter die Lupe nehmen, Forschungsteams ebenso. Mikko Savolainen, der Leiter des Archivs, lässt dann die gewünschten Kisten holen und die Steinstangen auf den Tischen ausbreiten. »Für die nächsten fünf Monate sind wir ausgebucht«, sagt er.

Mikko Savolainen hat acht Jahre lang in Europas größter Goldmine in Kittilä gearbeitet. »Es wurde dann ein bisschen langweilig«, sagt er, »ich wollte andere Steine sehen.« Er kündigte. Im öffentlichen Dienst hat er außerdem mehr Urlaub als in der Privatwirtschaft.

Savolainen hatte auch mal einen Ring aus Gold, seinen Ehering. Die Ehe wurde geschieden. Er trägt jetzt einen Ring aus Titan. Die EU hat das Metall unlängst auf die Liste strategisch wichtiger Rohstoffe gesetzt. ■

Max Rauner hat in Rovaniemi auch den Geologen und Goldexperten Tero Niiranen vom Geologischen Dienst getroffen. Der glaubt: Europas Goldrausch hat gerade erst begonnen.

ZEIT WISSEN
Woher weißt Du das?
Jetzt anhören!

DAS ENDE VON »WIE BITTE?«

Die Wissenschaft bringt Gentechnik und KI gegen Hörverlust in Stellung. Machen sie Hörgeräte überflüssig? Unsere Autorin trägt selbst welche. Sie hat sich in der Zukunft umgehört

Text Chiara Joos   Artwork Agnes Jonas

Wer schlecht hört, sollte über sich selbst lachen können, sonst wird es anstrengend. Ich spreche da aus Erfahrung. Wie oft ich über mich lache, weil ich etwas falsch verstanden habe, habe ich nie mitgezählt und werde es auch nie tun. Wenn in meinem Innenohr etwas anders ankommt als vom Absender gemeint, frage ich mich manchmal, für wen das Gespräch unangenehmer ist. Für die andere Person, weil sie sich wiederholen muss, oder für mich, die keine Lust hat zu erklären, dass lauteres Sprechen nicht immer hilft.

Wenn Menschen reden, kommt das ohne Hörgeräte bei mir als so eine Art dadaistisches Remix-Erlebnis an. Worte klingen mal dumpf, mal fehlen Silben, oder links vom Kopf klirrt das Wasser aus dem Wasserhahn, obwohl es wie rechts rauschen sollte. Mein linkes Innenohr ist wie ein altes Radio, dessen Empfang mit den Jahren immer schlechter wird. Ich nenne es mein Radioohr. Mein rechtes Ohr ist mein »Hörohr«. Damit höre ich besser, was in diesem Fall nur heißt: weniger schlecht.

Als Kind habe ich so lange Gott für dieses Defizit beschuldigt, bis ich zu dem Entschluss kam, gar nicht gläubig zu sein. Was viel schwerer wog, als jeden Morgen mit einer Schwerhörigkeit aufzuwachen, war der Lärm in mir und um mich herum über mein Anderssein und das ständige Rechtfertigen für etwas Unsichtbares. Mit der Zeit lernte ich, dass Zuhören ein Leistungsmerkmal ist. Wer ständig »Wie bitte?« fragt, unangemessen oder gar nicht reagiert, fällt auf. Wer kein Hörproblem hat, ahnt nicht, wie viel Kraft bloßes Verstehen kosten kann.

Beim gesunden Hören werden Vibrationen des Trommelfells an die Gehörknöchelchen im Mittelohr weitergegeben und von dort ins Innenohr übertragen. In der Cochlea (lateinisch für Schnecke) wandeln Haarzellen die Schwingungen in elektrische Signale um, die über den Hörnerv ans Gehirn weitergeleitet werden. Wenn dieser Ablauf gestört ist, kann das viele Ursachen haben, darunter Lärm, Infektionen, Alter oder genetische Defekte. In Deutschland sind rund 13 Millionen Menschen über 14 Jahre von Hörverlust betroffen. Am weitesten verbreitet ist die Innenohrschwerhörigkeit: Dabei sind meist die Haarzellen in der Cochlea beschädigt. Diese Form kann wie bei mir angeboren sein oder sich im Laufe des Lebens entwickeln. Dann helfen Hörgeräte, indem sie Frequenzen gezielt verstärken und Störgeräusche filtern.

Fast zwei Jahrzehnte lang habe ich meine Hörgeräte zur *»technica non grata«* erklärt, zur unerwünschten Technik. Weil sie sich unangenehm anfühlten und unnatürlich klangen, und aus Scham. Ich habe sie trotzdem die meiste Zeit getragen

Keine Frage, die Technik macht Fortschritte. Hörgeräte haben heute Akkus statt Einwegbatterien – und immer mehr Features. Sie zählen Schritte, Stürze, Tragezeit und bieten eine Ortungsfunktion. Statt mit Tasten oder einer App den Restaurant- oder Musikfilter einzustellen, rechnet eine KI im Gerät von selbst, wie die Umgebungsgeräusche am Ohr ankommen sollen.

Seit ein paar Monaten habe ich auch so ein Modell, dessen viele Funktionen ich allerdings nicht nutze, sie überfordern mich. Außerdem ist die Lade- und Aufbewahrungsbox so sperrig, dass ich nur dafür eine Handtasche mit mir herumtrage. Der Lautsprecher in meinem Gehörgang ist ein schmaler, länglicher Stift aus Plastik. Er ist über ein dünnes Kabel mit dem Mikrofon und dem Verstärker hinter dem Ohr verbunden. Doch die Plastikstifte sind bei meinem Modell um weniger als einen Millimeter voluminöser geworden. Seitdem passen sie mit den zwingend notwendigen, Schall verstärkenden Ohrpassstücken nicht mehr in meine sehr schmalen Gehörgänge.

Schwerer als der Hörverlust wiegt der Lärm in mir und um mich herum über mein Anderssein

Ich hatte mal einen Hörakustiker, der die Ohrpassstücke statt mit einem 3D-Drucker per Hand anfertigte und so kleiner hinbekam. Aber der lebt jetzt in der Karibik, sagte mir sein früherer Chef, der unter seiner Abwesenheit ebenso zu leiden scheint wie ich. Statt maßgeschneiderter Ohrpassstücke verwende ich nun aufgesteckte Silikonschirme, die den Schall im Ohr aber nicht ausreichend abdichten. Ich muss mir das, was ich nicht verstehe, zusammenreimen oder nachfragen. Ein Schrittzähler hinterm Ohr ist schön und gut, aber lieber wäre mir ein Fortschrittzähler, der ein höheres Tempo anzeigt. Geht da nicht mehr?

Doch. In Oldenburg arbeitet ein interdisziplinäres Team unter dem Dach des Exzellenzclusters Hearing4all am besseren Hören. Die Forschenden wollen nicht nur Technik optimieren, sondern auch die biologischen und kognitiven Grundlagen des Hörens besser verstehen und daraus neue Therapien entwickeln. Der Neurogenetiker Jörg Albert untersucht dafür Gene, die für das Hören wichtig sind. Er trägt selbst ein Hörgerät. Während seiner Promotion stellte er Anfang der 2000er-Jahre einen Hörverlust in seinem Innenohr fest. Er wurde sein eigenes Forschungsobjekt und rechnete sich anhand von Modellen aus, dass er im Jahr 2020 ein Hörgerät brauchen würde. Er bekam es schon vier Jahre früher. Heute möchte er den Hörverlust statt am Ohr auf einer genetischen Ebene aufhalten. Sein Ausgangspunkt ist die Erkenntnis, dass Gene nicht den Hörverlust verursachen, sondern dass sie das Hören am Leben halten.

Jörg Albert forscht an der Fruchtfliege Drosophila. Die hat zwar keine Ohren, sondern empfängt Schallwellen über winzige Sinnesorgane in ihren Antennen. Doch Mensch und Fliege haben erstaunlich viele Gene gemeinsam. Zum Beispiel das Gen »atonal«. Bei der Fruchtfliege steuert es die Entwicklung von Sinneszellen, genauso wie sein menschliches Gegenstück ATOH1. Entfernt man das Gen aus dem Erbgut der Fliegenembryonen, entwickeln sich weder Hör- noch Sehzellen. Setzt man den Embryonen stattdessen das entsprechende Gen einer Maus ein, bilden sich die Sinnesorgane wieder aus, und die Fliegen können wieder Schallreize wahrnehmen.

Vielleicht, sagt Albert, könne man irgendwann an der Fruchtfliege erforschen, wie sich Altersschwerhörigkeit hinauszögern lässt: »Es ist auch vorstellbar, die Fruchtfliege so zu verändern, dass sie Medikamente gegen Taubheit testen könnte.«

Bedeutet das, ich könnte trotz eines angeborenen Gendefekts eines Morgens mit einwandfreiem Gehör aufwachen? »Ob das Genprodukt, das wir reparieren sollen, noch helfen würde, ist die Frage«, sagt Albert. Das atonal-Gen zum Beispiel ist in der Embryonalentwicklung entscheidend. Fügte man es dem Erbgut erst nach der Geburt hinzu, würde das Tier trotzdem taub und blind auf die Welt kommen.

Also rechne ich realistisch wohl doch eher mit einem Cochlea-Implantat (CI), sollte mein linkes Ohr weiter an Empfang verlieren. Ein solches Implantat kommt dann infrage, wenn die Haarzellen in der Hörschnecke ausfallen, die Weiterleitung über den Hörnerv aber noch gut funktioniert. Das Gerät wandelt Schall in elektrische Impulse um und stimuliert damit den Hörnerv.

Menschen mit CI berichten häufig von verzerrten oder künstlichen Klangeindrücken. Sprache klingt anfangs oft unscharf und blechern. Das liegt auch daran, dass sich die elektrischen Reize im Nervengewebe nicht sehr gezielt ausbreiten, sondern oft mehr Nervenfasern als gewünscht aktivieren.

Der Neurowissenschaftler Tobias Moser von der Universität Göttingen arbeitet an einer Alternative, bei der Lichtsignale die Nervenzellen stimulieren sollen. »Man kann Licht halt im Raum besser bündeln als Strom«, sagt er. Seit 2007 tüftelt er daran. Bei Mäusen ist ihm das bereits gelungen: Das Licht stimulierte die Hörnervenzellen in der Cochlea, und die Tiere reagierten auf Geräusche. Doch der technische Aufbau ist komplex. Dutzende Laserdioden müssen in ein Titangehäuse passen und ihre Impulse über feine Glasfasern in die Hörschnecke strahlen. Gelingt das, könnte in den Dreißigern das erste Lichtimplantat marktreif sein.

Ab wann man sich das zweite »Wie bitte?« endlich sparen kann, soll mir Hearing4all-Mitbegründer Birger Kollmeier am Telefon erklären. Er leitet die Abteilung Medizinische Physik an der Universität Oldenburg und forscht seit fast 40 Jahren an Hörgeräten und Psychoakustik. Das Gespräch startet gleich mit einem Feldversuch, den ich mit dem Handy nah am rechten Ohr und auf der Couch liegend absolviere, da meine volle Konzentration gefordert ist. Kollmeier sitzt im Zug. Durchsagen und eine schlechte Verbindung stören seinen Redefluss. Wir ärgern uns beide über das »Cocktailparty-Problem«, bei dem man zwar alles hören, aber nichts verstehen kann.

Der Grund für schlechtes Verstehen ist nicht immer das Ohr. »Die Verzerrung bei der Verarbeitung von Geräuschen kann im Innenohr liegen, aber auch im Gehirn gibt es Veränderungen«, sagt Kollmeier. Das macht die Diagnose so komplex. Manchmal

sind die Ohren intakt, aber die Synapsen fehlerhaft. Beim »Hidden Hearing-Loss« etwa ist die Weiterleitung der Signale gestört. »Wichtig ist, dass man da eben nicht nur als Ingenieur oder Ohrenarzt oder nicht nur als Physiker oder als Biologe rangeht«, sagt Kollmeier. Man brauche ein interdisziplinäres Team. So wie bei Hearing4all.

Ein besonders kniffliger Fall ist das binaurale Lautheitsparadoxon: Wenn beide Ohren ein Hörgerät tragen, wirkt der Klang oft zu laut. Jedes Hörgerät für sich klingt zwar normal, aber in der Kombination »reißen sich die Leute die Geräte wieder raus«, sagt Birger Kollmeier, »das Gehirn verrechnet die Signale beider Ohren falsch«. Bei der Hörgeräteanpassung muss das beachtet werden. Kollmeiers Team hat dafür eine Methode entwickelt, die sie nun auch Hörakustikern anbieten will. Außerdem hat die Forschungsgruppe eine Software programmiert, die jeder für sich zu Hause nutzen kann. Damit sollen Hörakustiker entlastet werden. »Man testet Sprachverstehen, Lautheit und Störgeräusche selbst und weiß, welche Einstellung hilft«, sagt Birger Kollmeier. Alles über das Smartphone. »Am nächsten Tag kommt das Gerät mit genau diesen Einstellungen per Post.«

Als Nächstes möchte Kollmeier die künstliche Intelligenz einspannen. In lauten Umgebungen soll sie die Sprache besser vom Lärm trennen, damit auch Partytalk oder Gespräche im Zug besser verstanden werden. »Das klappt da gut, wo viele Daten vorhanden sind«, sagt er. Daran mangelt es noch. Die modernen Hörgeräte mit ihren vielen Sensoren könnten helfen, mehr Daten für eine KI-gestützte Hörassistenz zu sammeln.

An der Grenze zwischen Hören und Verstehen arbeitet in Oldenburg auch die Psycholinguistin Esther Ruigendijk. Ihre Studien zeigen, dass ein Satz wie »Das ist der Bauer, den der Junge grüßt« das Gehirn stärker fordert als »Der Junge grüßt den Bauern«. Sie sagt: »Sprache, vor allem Fremdsprachen, können ein Stolperstein sein, besonders wenn das Ohr ohnehin schon Mühe hat.« Oft werde vergessen, dass Sprachverstehen und Hören kognitive Prozesse sind. »Deswegen schauen wir auch auf das Arbeitsgedächtnis, auf Satzkomplexität und Wortarten.«

Es geht um soziale Teilhabe. Eine Verständnisschwierigkeit kann darüber entscheiden, ob jemand im Gespräch ankommt oder nicht. Ruigendijks Team entwickelt nun zusammen mit Fraunhofer-Instituten Minirekorder, um Alltagsgespräche ohne ihren Inhalt zu analysieren: Wer spricht mit wem, wie oft, wie laut und in welcher Sprache. Die Forschenden wollen beobachten, wie Sozialverhalten und Sprachverstehen bei Kindern mit Hörverlust zusammenhängen.

Vielleicht werde ich eines Tages sogar hören, wie die Welt »richtiger« klingt, ob mit Licht, KI oder Gentechnik. Bis dahin bleibe ich bei meinem Radioohr und meinem Hörohr und der Handtasche für meine Akkubox und sage: Wer nicht alles hört, hört manchmal trotzdem mehr. Wie bitte? ■

tell your

story

Das Magazin für Unternehmensgeschichten

Konzerte neu gedacht
Kein Line-up und keine Chart-Songs, trotzdem ausverkauft: Darum ist „Unreleased Berlin" so erfolgreich.

Damit lässt sich gründen!

Sichtbarkeit, die rettet
Warnwesten machen sichtbar, wer verborgen ist. Über ein Nischenprodukt und seine Innovationen.

Katapult oder Kompromiss?
Kann KI Kunst? Wenn ja, wie damit umgehen? Im Gespräch mit vier Artists, die auf KI setzen.

Unterschätzte Creator Economy
Wer als Content Creator gründet, wird oft belächelt. Aktuelle Zahlen beweisen, wie stark die Branche ist.

Lexware

Liebe Leser:innen,

diese Ausgabe hat es in sich. Sie führt von geheimen Events in Berlin-Kreuzberg zu immersiven Räumen, erzählt Storys von Designer:innen, die Pixel und Pinsel gegen semantische Welten tauschen. Und sie berichtet von überlebenswichtigen Nischenprodukten, die Sie vielleicht – inspiriert von der nächsten Geschichte – brauchen werden.

So verschieden die Geschäftsmodelle der hier porträtierten Gründer:innen sind, so sehr haben sie doch eines gemein: Ihre Selbstständigkeit ist unkonventionell, unterschätzt und für viele ist es unverständlich, wie sich damit Geld verdienen lässt. Aber eines nach dem anderen:

Wir haben den Mikroabenteurer Christo Foerster getroffen und gefragt: Kann man gut von deinem Job leben? Wenn man es macht wie er, schon. Christos Geschäftsidee steht auf vier soliden Säulen. Das Fundament? „Law of Attraction". Unbedingt lesen und mal wieder abenteuern!

Von der Kunst zu leben, zu denen, die von ihrer Kunst leben: Wir haben vier Artists interviewt, die inzwischen mit KI arbeiten. Ist KI overhyped oder underrated? Ist es anstrengender mit ihr? Ist sie Kompromiss oder Katapult? Lesen Sie selbst, es berichten von Hamburg bis Hongkong: Jovanka von Wilsdorf, Benjamin Bertram, Lilly Zumholte und Robert Seidel.

Von fesselnder Kunst zur Creator Economy. Creator what? Genau. Denn während fast jede:r weiß, was „too many tabs" und „Doom Scrolling" bedeutet, fragen sich die wenigsten, wer den Content überhaupt kreiert. Das sind, Moment, 303 Millionen Menschen in neun Ländern. Davon allein 19 Millionen in Deutschland, so schätzte es Adobe 2022. Die Creator Economy ist ein ernstzunehmender Wirtschaftszweig und er boomt weltweit. Um mehr zu erfahren, haben wir mit der Influencer-Agentur WeCreate eine umfangreiche Studie entwickelt und teilen nun spannende Insights!

„Wir leisten 100 Prozent Output, weil wir keine Ressourcen für Bullshit haben." Treffen Sie Beccs Riley von Minzgespinst n. e. V., eine schwerbehinderte, pflegebedürftige trans Person, die ein inklusives Team aufgebaut hat, um Unternehmen zu sensibilisieren – weg von Diagnosen und Pathologisierung, hin zu Potenzialen und Fähigkeiten.

Wir wünschen viel Freude beim Lesen und Momente voller Inspiration!

Das Team von „Tell Your Story"

Noch mehr Inspiration gefällig?
Viele weitere Storys und Interviews mit den Menschen aus dem Magazin gibt's online.

Mehr erfahren unter **tellyourstory.lexware.de**

Impressum: Herausgeber: Lexware
Redaktion & Konzeption: Jörg Frey, Alex Pillo (Lexware), Despina Borelidis (selbstständig)
Design & Layout: Julia Dechert (Lexware) | Text: Despina Borelidis (selbstständig); Alex Pillo (Lexware)
Lektorat & Reinzeichnung: Robin Arnold (D·O·T·S – Die Agentur GmbH)
Cover: © Black Forest Collective

FSC www.fsc.org RECYCLED Paper made from recycled material FSC® C068092

Auf der Suche nach der Freiheit vor der Haustür

Wer kann schon von sich behaupten, hauptberuflich Abenteurer zu sein? Christo Foerster kann es. Im Interview nimmt er uns mit auf seine abenteuerliche Reise in die Selbstständigkeit.

Text: Alex Pillo
Bild: Black Forest Collective

Christo, was ist für dich ein gutes Abenteuer?
Gut ist es meist, wenn es nicht so läuft, wie geplant. Es sind die ungewissen Faktoren, die eigentlich ein Abenteuer zum Abenteuer machen. Das Beschreiten neuer Wege, das Entdecken im Außen und im Innen.

Klingt so, als müsse man dafür ohne Karten an einen Ort ohne Empfang?
Das finde ich nicht. Wichtig ist das Rauskommen aus der Komfortzone, und das geht direkt vor der eigenen Haustür.

Kaum jemand hat in Deutschland den Begriff „Mikroabenteuer" so sehr geprägt wie du. Was ist daran so besonders?
Ein Mikroabenteuer erfordert wenig Aufwand. Für mich gilt: maximal drei Tage; nur zu Fuß, mit dem Fahrrad oder öffentlichen Verkehrsmitteln und wenn möglich ohne Zelt. Es muss nicht immer „Höher, schneller, weiter" mit ganz viel Action sein, es kann auch was ganz Ruhiges sein – weil das in unserem Leben inzwischen das Besondere ist.

Wie hast du es geschafft, dir auf dieser Basis eine Selbstständigkeit aufzubauen und hauptberuflich Abenteurer zu sein?
Ich habe mich dabei am „Law of Attraction" orientiert: Verhalte dich so, als hättest du dein Ziel schon erreicht und wünsche es dir nicht einfach nur. Wenn ich sage, ich möchte Abenteurer sein, verhalte ich mich so, als bin ich einer. Mit diesem Credo bin ich 2012 raus aus meiner Festanstellung und habe mich selbstständig gemacht. Es hat ein paar Jahre gedauert, bis sich für mich das herauskristallisiert hat, was ich heute mache.

Wie genau gestaltest du deine Selbstständigkeit?
Meine Selbstständigkeit basiert auf verschiedenen Säulen: Ich halte Vorträge in Unternehmen über Selbstführung, Motivation und Disziplin. Ich schreibe Bücher und mache Filme. Ich betreibe einen Podcast, der auch ein Einkommen abwirft. Und Hörerinnen und Hörern aus dieser Community biete ich seit Anfang des Jahres gemeinsame Abenteuercamps an.

Wenn du die Wahl hättest: Würdest du dich wieder für die Selbstständigkeit entscheiden?
Sofort. Ich kann es mir aktuell nicht vorstellen, in einer Festanstellung zu arbeiten und auf meine Freiheit zu verzichten.

Sichtbarkeit, die Leben rettet

Außerhalb der Stadtgrenzen Stuttgarts, eingemietet in die ehemaligen Büros des Mercedes Benz Formel-1-Teams, sitzt ein 25-Personen-Betrieb, der so unscheinbar wie wichtig ist. Verborgen in einem eintönigen Gewerbepark schützt Korntex mit seinen Warnwesten Mensch und Tier davor, übersehen zu werden. Wie kam es zu dieser Geschäftsidee und welche Vorteile hat Unternehmertum in der Nische? Darüber spricht Korntex-Gründer Alexander Jurack.

Ob für Kindergartenkinder, Polizist:innen oder Fachkräfte am Fließband: Die Mission von Korntex ist es, Menschen sichtbar zu machen und sie so zu schützen.

95 Prozent aller Unternehmen in Deutschland sind Kleinst- oder Kleinunternehmen, die mit ihrer Kreativität, ihrem Fleiß und ihrer Innovationskraft maßgeblich für unsere Gesellschaft sind. Egal, wie nachhaltig sie arbeiten oder wie viel Raffinesse in ihren Produkten steckt, zu oft teilen sie dasselbe Schicksal: Sie werden unterschätzt und sind unsichtbar im Vergleich zu den Großkonzernen in ihrer Umgebung.

Der Warnschutzkleidungshersteller Korntex aus Stuttgart-Fellbach ist einer dieser kleinen „Hidden Champions". **2007 gründet Alexander Jurack Korntex und entwickelt den Betrieb zu einem der großen Player in der Nische der Warnwesten:** „Ich bin schon zum Ende meiner Schulzeit mit einer Druckerei für Textilveredelung gestartet. Da habe ich T-Shirts, Jacken und vieles mehr bedruckt. Warnwesten waren da noch kein großes Thema für mich."

Das kommt später: Mit 18 Jahren erlebt Alexander einen Motorradunfall: „Vor mir zog eine Autofahrerin auf eine Kreuzung raus, sah mich zu spät und blieb vor Schreck stehen. Daraufhin katapultierte es mich über ihre Motorhaube auf die Fahrbahn. Ich flog einige Meter, aber abgesehen von einer Gehirnerschütterung und ein paar Prellungen hatte ich zum Glück nichts. Ich war zwei Tage im Krankenhaus, danach wieder in der Schule – und wusste: Nicht die Geschwindigkeit war das Problem, sondern die mangelnde Sichtbarkeit."

Angetrieben davon, im Straßenverkehr sichtbar zu sein, beschäftigt sich Alexander intensiver mit Warnwesten und erkennt schnell: **In dieser Nische ist Potenzial, denn abseits der Standardwesten existiert kaum Innovation und Individualisierung.** „Hier Neues zu erschaffen und innovativ zu denken, das hat mich von Anfang an gereizt", erklärt der Gründer. Er beginnt sein Studium in Heidelberg und investiert seine Freizeit in die Weiterentwicklung seiner Firma. Noch während er Vorlesungen besucht, kann er zwei Mitarbeiter einstellen, die sich um den Druck der Warnwesten kümmern.

„Das war eine harte Zeit mit sehr, sehr wenig Schlaf. Ich musste morgens um 4:30 Uhr aufstehen, habe dann in meiner Halle in Korntal die Produktion vorbereitet, meine Mitarbeiter eingewiesen und bin danach in den Zug nach Heidelberg zur Uni. Nach den Vorlesungen wieder zurück zur Produktion und bis nachts gearbeitet. Aber es ging, weil ich jung war und wusste, so bleibt es nicht für immer."

Sein Fleiß und Durchhaltevermögen zahlen sich aus: Alexander beendet sein Studium, Korntex stellt weitere Kolleg:innen ein und kann sogar die Finanzkrise Ende der 2000er-Jahre überstehen. **„So nah an der Weltfinanzkrise zu gründen, war sicherlich nicht der einfachste Zeitpunkt.** Aber ich habe die Dinge einfach ausgeblendet und weitergemacht. Diese Erfahrungen haben mir bei späteren Herausforderungen geholfen, zum Beispiel während Corona", so Alexander. Zuverlässige Lieferungen und der Tragekomfort der Warnschutzkleidung überzeugen. Es kommen Großaufträge von Porsche, Volkswagen oder der Motorradstaffel der Bundespolizei hinzu. Was Kund:innen an Korntex schätzen? „Unsere Qualität und Innovation. Die Warnweste ist in erster Linie ein Sicherheitsprodukt mit vielen Normen, die wir erfüllen müssen. **Wir möchten aber, dass Menschen unsere Produkte gerne und mit Stolz tragen, und nicht nur, weil es Vorschrift oder Zwang ist."**

Heute steht das Geschäftsmodell von Korntex auf einer sicheren Basis loyaler Stammkund:innen im In- und Ausland bei inzwischen mehr als 25 Millionen verkaufter Warnwesten. Auch neue Produktinnovationen wie individuell designte Warnwesten für Kinder und Tiere sind populär geworden. Wo liegen die Vorteile, in einer Nische zu gründen? „Ich habe mich als Unternehmer in der Warnwesten-Nische immer gut aufgehoben gefühlt. Nischen sind spannend, weil der Markteinstieg vergleichsweise einfach ist, aus familiären Strukturen besteht und man sich schnell ein gutes Netzwerk aufbaut", beschreibt es Alexander. Man muss nicht immer ein hippes Tech-Start-up in Berlin oder München gründen, um unternehmerisch erfolgreich zu sein.

Sind Warnwesten ein innovatives Produkt? Ja, meint Korntex-Gründer Alexander Jurack.

Text: Alex Pillo
Bild: Max Zimmermann

Kein Line-up, aber ausverkauft

Die drei Freunde und Hip-Hop-Connaisseure Fede, Memo und Waumi beweisen mit ihrer Konzertreihe „Unreleased Berlin“: Neue Wege gehen lohnt sich, auch wenn vieles zunächst altmodisch klingt.

Wer kommt, ist nicht bekannt. Was passiert, darf von den Gästen nicht auf Social Media geteilt werden. Und mindestens ein Drittel aller gespielten Songs sind bisher noch unveröffentlicht: Kann so ein Eventkonzept in der heutigen Zeit überhaupt funktionieren? Denn wie soll ein Hype entstehen, wenn eigentlich nur Datum und Organisatoren bekannt sind? „Wir fanden: Die Idee ist zu gut, um es nicht zu machen. Und genau das war die Grundlage, einfach zu sagen: Wir machen jetzt mal eine Veranstaltung und gucken, wie es läuft“, erklärt Federico Battaglia – besser bekannt als Fede, einer der drei Gründer des Event-Kollektivs „Unreleased Berlin“.

Mit „Unreleased Berlin“ rufen Fede, Memo und Waumi im Sommer 2023 eine Konzertreihe ins Leben, die es so bisher noch nicht gab. Im Festsaal Kreuzberg organisieren die Berliner einmal pro Monat, immer an einem Mittwochabend, ein Hip-Hop-Konzert bestehend aus Secret Acts, zur Hälfte männlich und zur Hälfte weiblich. Beim Einlass werden alle Smartphone-Kameras der Gäste abgeklebt, so dass nichts den Raum verlässt, was nicht von den Organisatoren selbst veröffentlicht wird. „Wir drehen das Marketing im Endeffekt um und konzentrieren uns darauf, besondere Momente vor Ort zu schaffen. Wir erzählen die Geschichte eines Events selbst nach“, so Fede.

Wer zu einem Unreleased-Konzert in Berlin geht, weiß nicht, was ihn erwartet. Dennoch sind vor jedem Event die rund 1.200 Tickets innerhalb weniger Minuten ausverkauft. Der Reiz entsteht durch eine „FOMO“ gepaart mit einer einzigartigen Experience in einem Festsaal voller Gleichgesinnter. Die Fans feiern jeden Act – egal ob New Wave oder Straßenrap, Newcomer oder etablierte Künstler:innen wie Trettmann, Nina Chuba oder Max Herre und Joy Denalane, die alle bereits bei „Unreleased Berlin“ performt haben.

»Wir wollen mit Unreleased Kunst wirklich erlebbar und neue Talente sichtbar machen, nicht nur in Berlin, sondern international in diversen Hauptstädten, um überall ein Multiplikator zu sein.«

Text: Alex Pillo
Bild: Black Forest Collective

VIELFALT DES UNTERNEHMERTUMS

WARUM WIR DIE CREATOR ECONOMY NICHT LÄNGER UNTERSCHÄTZEN SOLLTEN

Ein Selfie hier, eine Instagram-Story da und schon klingelt die Kasse? So einfach ist es nicht mit der Selbstständigkeit als Content Creator. Zusammen mit WeCreate und 139 reichweitenstarken Creators aus Deutschland blicken wir im Jahr des 20-jährigen Jubiläums von YouTube auf die aufsteigende Branche und ihre wirtschaftliche Zukunft.

Die Art, wie Menschen heute unternehmerisch tätig sind, verändert sich. Eine besonders spannende Entwicklung ist der Aufstieg der Creator Economy. Millionen von Menschen nutzen digitale Plattformen wie YouTube, TikTok und Instagram, um kreative Inhalte zu kreieren – und daraus ein Geschäft zu machen. Laut Schätzungen von Adobe aus dem Jahr 2022 gibt es 303 Millionen Creators in neun Ländern, davon 19 Millionen in Deutschland.

Die Creator Economy wächst – nicht nur weil es die Plattformen immer einfacher machen, als Creator die eigene Präsenz zu monetarisieren, sondern auch, weil Unternehmen immer mehr auf Influencer für ihre Kundenansprache setzen. Die Ausgaben für Influencer-Werbung in Deutschland werden laut Statista Market Insights 2025 voraussichtlich 718,40 Millionen. Euro betragen und künftig jährlich um mehr als acht Prozent wachsen. Darüber hinaus ist die kulturelle Bedeutung der Creator Economy nicht mehr wegzudenken. Ob mit selbst erstellen Posts oder in Form von Reactions in einem Livestream: Creators tragen aktiv zur Meinungsbildung und zum gesellschaftlichen Diskurs bei, was gerade zuletzt im Bundestagswahlkampf deutlich zu sehen war. Hier ein Kanzlerkandidat zu Gast in einem Video-Podcast, da ein anderer Kandidat im Twitch-Livestream am Fliesentisch mit Malzbier in der Hand.

Wie sieht die Creator Economy von innen aus?

Über Content Creators wird viel gesprochen, selten aber mit ihnen. Deshalb ist auch die Datenlage zu Demografie, Einkommensquellen oder bürokratischen Hürden dürftig. Zusammen mit der Influencer-Marketing-Agentur WeCreate haben wir genau das geändert und in einer umfangreichen Befragung mit 139 der erfolgreichsten deutschen Content Creators gesprochen. Sind die goldenen Jahre vorbei? Und wie geht's der Psyche?

© Dominik Zky

»Und dann kommt noch der ganze Hate dazu – bei Frauen geht's oft um Aussehen oder Privatleben. Trotzdem sehe ich auch Fortschritte: Immer mehr Girls bauen sich ihre eigenen Brands auf und zeigen, dass sie richtig was draufhaben!«

– Chany Dakota
1,6 Millionen Follower:innen auf TikTok

Wie prägt das Geschlecht die Karriere in der Creator Economy?

Dass 61 Prozent der männlichen Creators im Gaming-Bereich tätig sind und 95 Prozent der weiblichen Creators Beauty-Content produziert, wird nur wenige wundern. Deutliche Unterschiede existieren jedoch in der Auswahl der Lieblingsplattform: Instagram und TikTok sind bei weiblichen wie männlichen Creators die präferierten Channels. Von den 78 Prozent der männlichen Creators, die aktiv einen YouTube-Kanal betreiben, stellt für rund acht von zehn diese Plattform den reichweitenstärksten Kanal dar. Im Gegensatz dazu zählen nur zwei Prozent jener weiblichen Creators, die YouTube bespielen (44 Prozent), diesen Kanal zu ihrem einflussreichsten Medium. Auch interessant: Die bevorzugte Berufsbezeichnung der Männer lautet „Digital Creator", Frauen nennen sich selbst am häufigsten „Influencer".

Plattformen: Diese Kanäle nutzen männliche und weibliche Creators

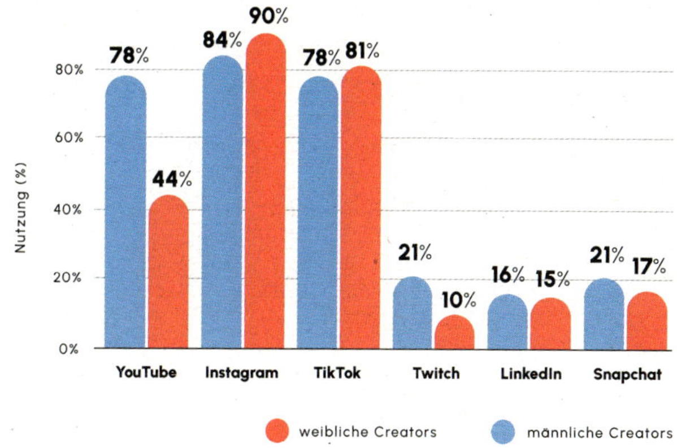

Als Einzelkämpfer:innen unterwegs

Wer auf Social Media erfolgreich sein möchte, braucht viel Output: 35 Prozent der Befragten veröffentlichen drei bis fünf „Content Pieces" pro Woche, weitere 27 Prozent laden sogar mehr als sechs Inhalte wöchentlich hoch. Ein Invest, der sich auszahlt, denn 63 Prozent der Befragten geben an, allein von ihrem Einkommen als Creator leben zu können – sei es in Form von Werbeeinnahmen, Kooperationen mit großen Unternehmen oder dem Verkauf eigener Produkte.

Bemerkenswert dabei ist, dass nur 15 Prozent der befragten Creators andere Menschen anstellen, um sich dabei helfen zu lassen. In den meisten Fällen ist der Beruf „Creator" eine reine One-Person-Show. Kein Wunder, dass nur 14 Prozent ihre Selbstständigkeit in einer Personen- oder Kapitalgesellschaft wie einer GmbH oder GbR führen.

Anstellungsverhältnisse in der Creator Economy

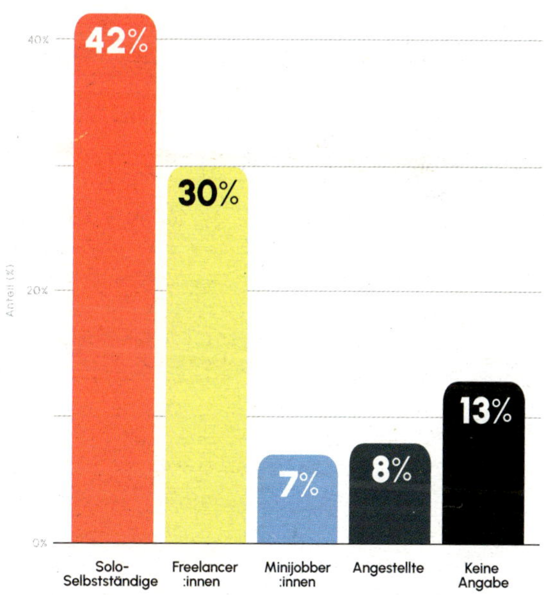

Schwankendes Einkommen, stabile Zukunft?

Die Einkommensstabilität in der Creator Economy variiert stark: 62 Prozent empfinden ihre Einkünfte als schwankend bis sehr schwankend. Entscheidend ist hier die Branche, in der man tätig ist: Creators im Fashion-Segment haben in 57 Prozent der Fälle ein relativ gleichbleibendes Einkommen. Auf der anderen Seite des Spektrums befinden sich die Gaming-Creators, denn hier berichten nur 17 Prozent von stabilen, zuverlässigen Einkünften. Der Creator Erdin Çıplak, besser bekannt als Mr. BlindLife mit ca. 660.000 Followern auf TikTok, beschreibt: „Ich fühle mich extrem abhängig vom Plattform-Algorithmus, den man zudem auch oft nicht nachvollziehen kann. Diese Schwankungen machen es schwierig, konstante Formate zu entwickeln und Auftraggeber:innen von sich und seinen Formaten zu überzeugen."

Mentale Belastung in Abhängigkeit zum Anstellungsverhältnis

»Mein Einkommen schwankt von Monat zu Monat, aber das ist als Selbstständiger ja ganz normal. Es ist auf jeden Fall sehr hilfreich, sich breit aufzustellen.«

– Sami Rhoma
818.000 Follower:innen auf TikTok

Konkurrenzkampf, Kreativdruck, Kostenexplosion: Der richtige Umgang mit Hürden

Wenn sich immer mehr Menschen für eine Creator-Karriere entscheiden, immer mehr Unternehmen Geld investieren und Plattformen für immer mehr Abhängigkeiten sorgen, führt das zu Druck und hohem Stress. Kein Wunder, dass 23 Prozent der von uns interviewten Creators bereits mindestens einen Burn-out hatten. Fast jede:r Zweite gibt an, Schwierigkeiten zu haben, die mentale Gesundheit zu bewahren. Diese Quote ist besonders hoch, sobald Creators Angestellte beschäftigen. Hinzu kommt die Bürokratie in Deutschland, 55 Prozent empfinden die amtlichen Auflagen für die Creator Economy in Deutschland als hoch bis sehr hoch. „Unternehmertum sollte sich auf Innovation und Wachstum konzentrieren – nicht auf Bürokratie. Ob Creator oder klassisches Kleinunternehmen: Alle kämpfen mit komplexen Verwaltungsprozessen, die wertvolle Zeit und Energie kosten. Verwaltung, Steuern und gesetzliche Vorgaben werden oft zur Wachstumsbremse, anstatt Gründungen zu fördern", beklagt Lexware Geschäftsführer Christian Steiger.

Text: Alex Pillo
Grafiken: wecreate

Barrierefrei denken: mit Beccs Riley

2020 gründet Beccs Riley Minzgespinst – mittlerweile ein Verein mit vierköpfigem Team. Und Beccs? Hat sich nochmal selbstständig gemacht. Wir haben bereits 2023 mit Beccs gesprochen. Wie läuft es heute?

Beccs, die vergangenen fünf Jahre im Schnelldurchlauf?
Ich habe gegen alle Wahrscheinlichkeiten gewonnen: als schwerbehinderte pflegebedürftige trans Person ein eigenes Business mit Team aufgebaut.

Von Solo zu „Wir"?
Ja, wir sind zu viert: alle queer, alle (schwer)behindert. Mir kann keine:r sagen, behinderte Menschen einzustellen, sei keine Option.

Tell us more.
Wir kommen mit weniger Energie, aber medizinischem Bedarf ins Büro. Wir leisten 100 Prozent Output, weil wir keine Ressourcen für Bullshit [aufgeblasene Schleifen, behäbige Prozesse, Anm. der Red.] haben. Wir priorisieren knallhart, nutzen Peaks und teilen unsere Energie sorgsam ein.

Haben sich die Themen, zu denen ihr beratet, verändert?
Queerness und Transgeschlechtlichkeit bleiben, hinzugekommen sind die Themen Neurodivergenz, chronische Erkrankungen, Burn-out. Es gibt auch einen hohen Beratungsbedarf bei digitaler Barrierefreiheit.

Wofür wirst du persönlich mehr gebucht?
Als Consultant für Sensibilisierung, Konfliktmanagement und Teamentwicklung.

Das ist enorm.
... und keine Geschichte, die typisch wäre. Aus „Ich und mein Laptop machen im zweiten Lockdown Online-Veranstaltungen" wurde etwas Großes. Uns folgen heute mehr als 15.000 Menschen auf Social Media.

Was strebst du an?
Ich will Berührungsängste abbauen und zur Reflexion anregen – weg von Diagnosen und Pathologisierung, hin zu Fähigkeiten. Und ich habe mich mit „Beccs Riley" nochmal selbstständig gemacht. Ich mag die Möglichkeit, zu glitzern und zu glänzen. Ich brauche nur noch 'ne Bühne!

Text: Despina Borelidis
Bild: Dubiel Pilo

KI in Kunst: Kompromiss oder Katapult?

Ist KI overhyped oder underrated? Geht „Kunst prompten“? Und ist es erfüllend, mit KI zu arbeiten? Von Hamburg bis Hongkong – vier Artists berichten auf vier Seiten: Jovanka von Wilsdorf, Benjamin Bertram, Lilly Zumholte und Robert Seidel

Hat KI dein Leben verändert? Wessen nicht? **Dich hat sie bis nach Hongkong geführt: Du produzierst ein KI-Konzert mit Sophia the Robot!** Ja, als musikalische Leiterin hier zu sein ist toll! Ich binde Sophia ins Songwriting ein, gebe ihr Impulse, lasse sie „Spoken Word Pieces“ vergleichen, umschreiben und Eigensprachlichkeit reinbringen. Wir arbeiten quasi zusammen an Sophias Geschmack. **Verrückt.** Das ist es. Es ist auch ein Prozess, der mich kreativ sehr bereichert. **Ist KI für dich Kompromiss oder Katapult?** Katapult. **Overhyped oder underrated?** Beides. **Ist es erfüllend, mit KI zu arbeiten?** Auch beides. Denn nicht alles, was ich rein menschlich tue, erfüllt mich. Andersherum kann ich aber mit KI in den kreativen Flow finden. **Worauf kommt es dann an?** Aufs Tool. Aber noch mehr auf mich – wie ich mit dem Tool umgehe. **Wie gehst du denn mit Tools um?** Liebevoll und skrupellos. Je deutlicher meine Vision, desto krasser die Zusammenarbeit mit KI. **Was kann KI in deinem Feld noch nicht?** Poetry. Sie dichtet eher platt im abab-Schema – das finde ich aber schön: Ist doch super, dass sie auch noch nicht mit Metaphern kann! **Hast du mit KI auch komplette Fails gelandet?** Immer wieder. Ist das nicht eine gute Neuigkeit? Fails – ganz wichtig – passieren immer dann, wenn man sich zu sehr auf die KI verlässt. **Was ist anstrengender mit KI?** Dass sie eine neue Technologie ist und wir vor einem „Buffet-Problem“ stehen. Es ist ein Gewimmel da draußen! **Was tun?** Finde heraus, welche Tools wirklich zu dir passen und dann, wie du mit ihnen umgehst. **KI schlägt Mensch, weil?** Weil sie kein Ego hat. Ich kann ihr im Sparring nicht auf den Schlips treten. Und wenn ich es will, liefert sie mir auch nachts um 3:00 Uhr eine achte Perspektive – ohne genervt zu sein oder mich für irre zu halten. **Daran könnte man sich gewöhnen.** Deswegen müssen wir trainieren, in der Menschlichkeit zu bleiben. Und auch trainieren, unsere Menschlichkeit zu verfeinern. KI fördert uns, sie fordert uns aber auch krass. Genau das finde ich so spannend daran!

»Wir brauchen keine AI, um schlechte Musik zu machen. Das kriegen wir sehr gut allein hin.«

- Jovanka von Wilsdorf

Jovanka von Wilsdorf ist Musikerin, Artist Coach und Creative AI-Consultant. Ihre Welt: KI in Musik, Prompt Battles, AI-Tastings und ein humanoider Roboter.

Text: Despina Borelidis
Bild: ITU/Rowan Farrell

»Heute arbeite ich mit Konzepten und semantischen Welten statt mit Pixeln und Pigmenten.«

- Benjamin Bertram

Gestartet ist Benjamin Bertram als Designer. Heute ist er AI-Designer, Creative Technologist, AI Art Consultant und Co-Founder des Start-ups CogniWerk.

Welchen Twist gibt KI deiner Karriere? Ich bin seit 2014 selbstständiger Designer und Illustrator. 2018 kam KI so stark ins Spiel, dass ich mittlerweile auch als Creative Technologist arbeite.

Eine berufliche Neuschöpfung! Ja, ich bin quasi die Schnittstelle zwischen Kunst und Technologie.

Und du bist Co-Founder von CogniWerk. Was macht ihr? Wir vereinfachen den Zugang zu KI-Tools für Kreative. Unsere Plattform bündelt verschiedene KI-Workflows in einer intuitiven Oberfläche.

Ist KI Katapult oder Kompromiss? Für mich ist sie eine kreative Sparringspartnerin, die ich nicht mehr missen möchte. KI hat meine Kreativität massiv befeuert, weil sie mich in meiner eigenen Denkweise challengt.

Ohne KI? Wäre ich sehr viel langsamer in der Ausführung.

Wie setzt du KI ein? Als selbstverständlichen Bestandteil meines Workflows. Sie ist elementar in der Recherche- und Skizzenphase, nimmt mir massiv viel Arbeit ab.

Ist KI unberechenbar? Ihre Ergebnisse sind oft unerwartbar!

Das heißt? KI ist zwar nicht vorurteilsfrei, sie hat aber auch keine Schere im Kopf: Sie macht möglich, was mir erstmal unmöglich scheint.
Sie verbindet zwei Dinge, von denen ich vorher vielleicht gedacht habe, das lohne sich nicht, weil zu ressourcenaufwendig oder zu schwer.

Ist Kunst mit KI erfüllend? Jein. Es ist ein ganz anderes Arbeiten: nicht mehr mit Pixeln und Pigmenten, sondern mit Konzepten und semantischen Welten. Das ist hochgradig spannend.

Was fehlt? Die Farbe an den Fingern, das Analoge, das Dreckige. Ich habe noch keinen Weg gefunden, das zu übertragen.

Was könnte deine Wunsch-KI? Sie wäre ein gemeinsames globales Projekt, das uns nervige Aufgaben abnimmt, damit wir uns auf das wirklich Spannende im Leben konzentrieren können. Ein fast symbiotischer Kreativ-Kompagnon, der es mir ermöglicht, mich mit der künstlerischen Durchdringung der Welt zu beschäftigen. Und mit meiner künstlerischen Entfaltung.

Text: Despina Borelidis
Bild: Objects Personalities by Benjamin Bertram

Womit hat KI dich zuletzt schockiert? Mit dem Voice Clone meiner Singstimme. Ich find's krass, wie gut KI da geworden ist. Selbst meine Mutter hat den Bot nicht erkannt.

Wie präzise ist KI in deinem Bereich? Sie trifft etwa 70 Prozent meiner Vorstellung, ist also keine Präzisionswaffe. Aber mit ihr kann ich meine Visionen umsetzen. All das, was ich mir schon sehr lange vorstelle.

Wie lange schon? Als alle anderen „Die Sims" spielten, war ich damit beschäftigt, die Charaktere zu designen.

Heute? Kreiere ich digitale Persönlichkeiten, immersive KI-Welten und visuelle Konzepte für Marken und Artists.

Womit beschäftigt sich deine Kunst? Mit der Darstellung und Dekonstruktion hyperfemininer Ästhetik. Der Art, wie weibliche Identität gesellschaftlich inszeniert und vermarktet wird. Ich spiele mit Archetypen und inszeniere KI-Models in verschiedenen Kontexten und absurden Welten.

Wie viele KI-Werke hast du erschaffen? Gut 45.000 Bilder und 10.000 Videos. Inzwischen kuratiere ich aber stark.

Worin ist KI schon richtig gut? Darin, fiktionale, surreale Welten zu erschaffen, Bilder zu morphen und zu kombinieren, vor allem im Bereich Fantasie, Abstraktion und visuelle Experimente.

Was ist noch schwierig? Die nahtlose Integration realer Produkte in KI-generierte Bilder oder Videos.

Wie hast du das alles gelernt? Ich bin KI-Autodidaktin, habe mich aus einem Impuls heraus sehr intensiv mit KI auseinandergesetzt. Ursprünglich habe ich Kulturwissenschaften studiert, als Content Creator gearbeitet, ein Modelabel erschaffen. Heute verdiene ich mein Geld hauptsächlich mit KI.

Was ist ein Irrglaube über KI in Kunst? Dass, wer die Tools beherrscht, auch in der Kreation extrem gut ist. Ohne kreative Denke ist KI auch nur ein leeres Werkzeug.

Was braucht es als Künstler:in im Umgang mit KI? Ein Erwartungsmanagement, extrem viel Durchhaltevermögen und hohe Frustrationstoleranz. Hast du das alles und Neugierde, dann ist es paradiesisch!

»Ohne kreative Denke ist KI auch nur ein leeres Werkzeug.«

- Lilly Zumholte

Lilly Zumholte ist KI-Autodidaktin, AI-Artist, Content Creator und Visual Storyteller. Sie arbeitet als Art Director und Advisor für Künstler:innen.

Text: Despina Borelidis
Bild: AIPHORIA by Lilly Zumholte

Wozu hat KI dich inspiriert? Etwa zu „Hysteresis“: Der Experimentalfilm ist eine Metapher für die Möglichkeiten von KI.
Genau? Im Film transformiere ich meine Zeichnungen, Projektionen und die Performerin Tsuki durch den Filter von Jahrhunderten. Ohne KI hätte es mich unendlich viel Zeit gekostet. Mit KI hatte ich den ungefilterten Zugriff auf die komplette Kunstgeschichte.
Überwiegt mit KI der Zeitgewinn? Im besten Fall der Qualitätsgewinn. Das kann gelingen, wenn man „selbst“ Teil der Trainingsdaten und Prozessketten wird.
Wie setzt du KI noch ein? In Phasen der Recherche. Mit KI kann ich auch verrauschte Videos restaurieren, die ohne sie verloren wären. Ein Aspekt, den man oft übersieht.
Bringt dir KI neue Aufträge? Es ist zweischneidig: Ich gewinne Projekte, die dezidiert nach KI-Kunst fragen. Ich verliere aber auch definitiv Jobs.
Geht „Kunst prompten“? Schwierig. Die Strukturen, die mich interessieren, der Grad der Abstraktion, lassen sich kaum in Worte fassen.

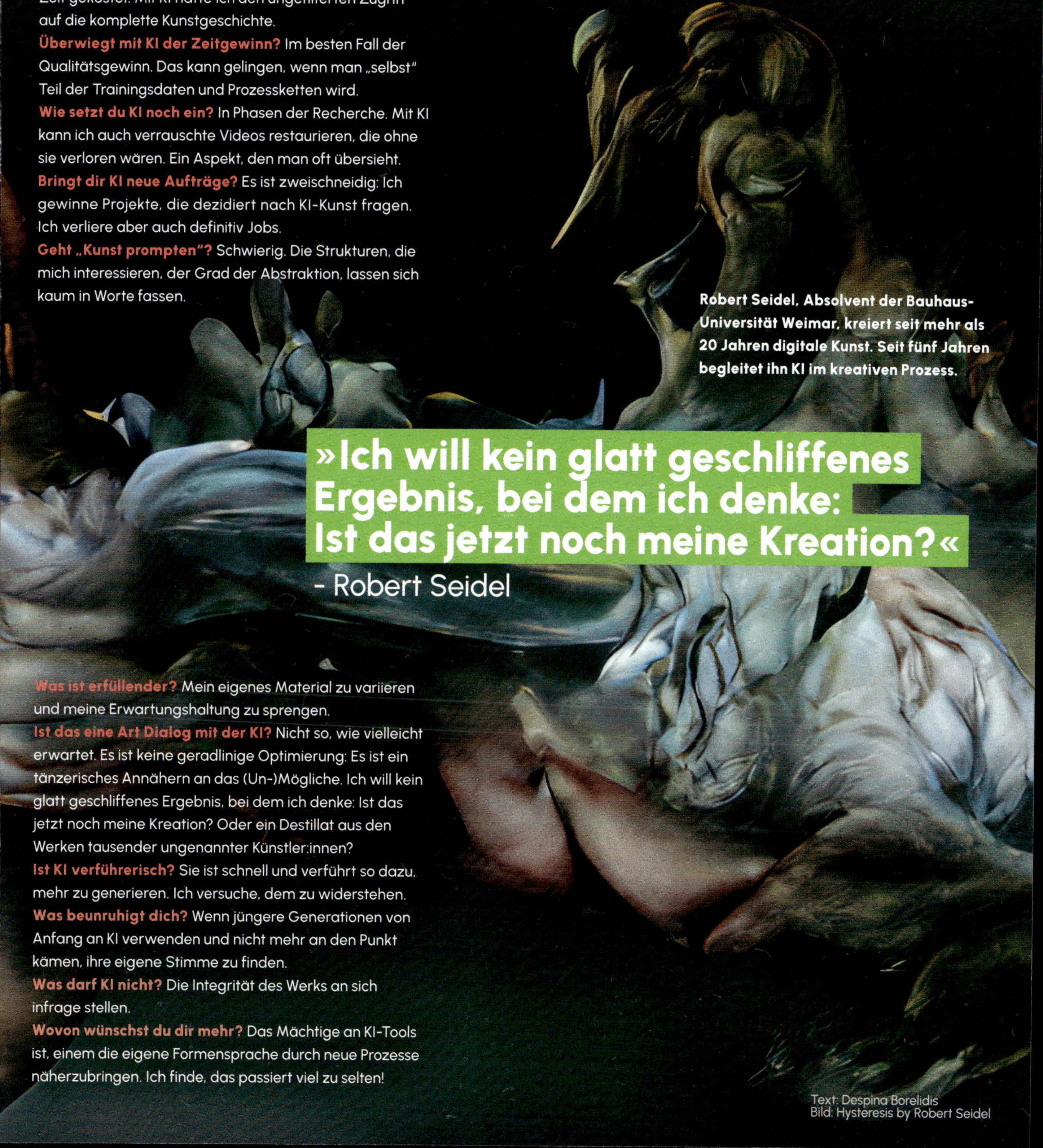

Robert Seidel, Absolvent der Bauhaus-Universität Weimar, kreiert seit mehr als 20 Jahren digitale Kunst. Seit fünf Jahren begleitet ihn KI im kreativen Prozess.

»Ich will kein glatt geschliffenes Ergebnis, bei dem ich denke: Ist das jetzt noch meine Kreation?«

- Robert Seidel

Was ist erfüllender? Mein eigenes Material zu variieren und meine Erwartungshaltung zu sprengen.
Ist das eine Art Dialog mit der KI? Nicht so, wie vielleicht erwartet. Es ist keine geradlinige Optimierung: Es ist ein tänzerisches Annähern an das (Un-)Mögliche. Ich will kein glatt geschliffenes Ergebnis, bei dem ich denke: Ist das jetzt noch meine Kreation? Oder ein Destillat aus den Werken tausender ungenannter Künstler:innen?
Ist KI verführerisch? Sie ist schnell und verführt so dazu, mehr zu generieren. Ich versuche, dem zu widerstehen.
Was beunruhigt dich? Wenn jüngere Generationen von Anfang an KI verwenden und nicht mehr an den Punkt kämen, ihre eigene Stimme zu finden.
Was darf KI nicht? Die Integrität des Werks an sich infrage stellen.
Wovon wünschst du dir mehr? Das Mächtige an KI-Tools ist, einem die eigene Formensprache durch neue Prozesse näherzubringen. Ich finde, das passiert viel zu selten!

Text: Despina Borelidis
Bild: Hysteresis by Robert Seidel

DIE ZUMUTUNG

Manches Wissen wächst in verdammt hohen Gebieten. Trotzdem sollte man sich hin und wieder dorthin aufmachen, auch wenn es richtig anstrengend wird. Willkommen auf dem Pfad der großen und kleinen Gefühle

KINDER

Kinder waren mal eine Selbstverständlichkeit. Heute betrachten Eltern sie wie ein Produkt, das unbedingt gelingen muss. Dabei läuft einiges schief

Text Jens Jessen

Basislager

Gehen Sie erst los, wenn Sie die folgenden Grundlagen in Ihren Rucksack gepackt haben

Kinder sind in vielerlei Hinsicht eine Zumutung – und keineswegs das fraglose Glück, das vor allem von jenen beschworen wird, die keine Kinder haben oder die mit Spielzeug, Fläschchen, Teddyfell und Autositzen ihr Geschäft machen. Der zufriedene Säugling, der aus seiner ergonomisch vorbildlichen Trageschale strahlt, im einen Fäustchen das haptisch wertvolle Holzdingens, im anderen Fäustchen das ökologisch unbedenkliche Fläschchen aus dem Patentfläschchenwärmer, ist eine reine Fiktion der Industrie.

Zuallererst sind Kinder eine Zumutung für Eltern, deren Leben sie auf den Kopf stellen oder gänzlich aus der Bahn werfen. Erziehungsstreitereien gehören zu den häufigsten Scheidungsgründen, neben finanziellen Problemen (die ebenfalls oft durch Kinder verschärft werden). Kinder werfen Fragen auf, die von den Erwachsenen längst beiseitegeschoben und in die Rumpelkammer unlösbarer metaphysischer Rätsel verbannt wurden. Wer bin ich? Was will ich? Und womit geht meine ganze verdammte Lebenszeit drauf?

Um diese existenziellen Fragen, die mit der Elternschaft ihre Brisanz zurückgewinnen, aus der Abstraktheit zu holen, genügt ein schlichtes Beispiel: Der Erwachsene hat, nach langwieriger Rebellion gegen Eltern, Tanten, Lehrer, eine gewisse Unabhängigkeit von der Gesellschaft und ihren Imperativen ertrotzt. Er lässt sich nichts mehr sagen oder jedenfalls nicht mehr viel. Aber was muss er erleben, wenn seine eigenen Kinder in Kindergarten und Vorschule, in Gymnasium oder Sportverein gehen? Die Gesellschaft kommt mit ihrer ganzen Macht zurück. Sie kommt in Gestalt anderer Eltern, mit denen man sich auseinandersetzen muss, sie kommt in Gestalt bornierter Erzieher und Lehrer, sie kommt mit Regeln und Vorschriften und Satzung gewordenen Vorurteilen zurück. Die ganze Emanzipation zu einem halbwegs selbstbestimmten Individuum wird rückabgewickelt. Elternschaft, könnte man soziologisch formulieren, bedeutet die zwangsweise Reintegration in die Gesellschaft.

Erwachsene, die Kinder kriegen, müssen notgedrungen zu Spießern werden

Eltern, die aus einem Elternabend erschöpft auf die Straße wanken, sieht man an, dass sie soeben fast stranguliert worden sind. Die ganze Schulwelt, der Linoleumgeruch und die Zensurenangst, ist mit einem Mal, vermittelt durch die lieben Kleinen, im eigenen Leben wieder präsent. Und der verhasste Spießer ist nicht mehr der andere, den man meiden kann, sondern mischt sich, wieder vermittels der Kinder, kräftig ein. Das tut er keineswegs nur in Gestalt der Erwachsenen, die mit den Kindern assoziiert sind, er tut es auch in Gestalt der Kinder selbst. Denn Kinder, bevor sie pubertierend gegen die Gesellschaft revoltieren, wollen zunächst etwas anderes, nämlich das genaue Gegenteil: sich einfügen, sein wie alle, nicht auffallen, sondern akzeptiert werden. Sie sind schreckliche kleine Opportunisten, die auch von ihren Eltern verlangen, nicht durch Abweichung aufzufallen.

Kinder wollen Standardeltern, genauso wie später Standardpullover, Standardsneaker und diese monströsen, fast unbezahlbaren Standardschulranzen. Wenn sie zweimal bei Eltern anderer Kinder Würstchen mit Kartoffelsalat und Kakao vorgesetzt bekommen haben, nehmen sie das als Norm, die bitte schön auch von den eigenen Eltern zu erfüllen ist, vor allem wenn andere Kinder zu Gast sind. Ganz allgemein wird die Angst der Kinder, von ihren Eltern blamiert zu werden, gefährlich unterschätzt. Kinder wollen nicht mit dem sprichwörtlichen Silberlöffel im Mund aufwachsen, es soll die Blechgabel mit dem bunten Campinggriff sein wie bei den Meyers nebenan.

Erwachsene, die Kinder haben, müssen notgedrungen verspießern, alles andere wäre Kindeswohlgefährdung. Eltern mit Kindern werden ständig von anderen Eltern mit Kindern bevormundet und gegängelt. Die Ermahnung, es so zu halten wie alle, wird überall erteilt, auf Spielplätzen, in Bussen und Bahnen. Hier können auch Väter einmal erfahren, was Frauen oft beklagen: die unablässige Einmischung der Gesellschaft mit ungebetenen Ratschlägen. Überflüssig zu sagen, dass die sozialen Medien im Netz mit ihrer Möglichkeit des ständigen Vergleichs diese Situation noch verschärfen. Ein Leben mit stetem ängstlichen Seitenblick – das bedeuten Kinder für Eltern. Mit der *splendid isolation* ist es vorbei.

Erster Anstieg

Los geht's! Auf leichten Anhöhen begegnen Sie Erkenntnissen, die Sie ins Schwitzen bringen können

Weiß die Gesellschaft davon, wie rabiat sie das Privatleben von Eltern und Kindern gleichschaltet? Natürlich nicht. Die öffentliche Debatte zeigt sich auf andere Weise übergriffig. Dort sind Kinder vor allem Ärgernis und knappes Gut zugleich. Zwei Typen von Nachrichten beherrschen die Medien. Der eine handelt von Kinderlärm und Bürgerinitiativen, die den Bau von Kitas, Schulen, Sportplätzen in der Nachbarschaft zu verhindern suchen. Gelegentlich taucht auch der Rentner auf, der mit dem Luftgewehr auf spielende Kinder schießt, die seine Mittagsruhe stören. Der andere Nachrichtentypus hat, nur scheinbar ganz im Gegenteil, den Kindermangel vor Augen, die sinkende Reproduktionsrate der Bevölkerung. In der Klage steckt allerdings auch wieder eine Sorge um die ältere Generation, der in Zukunft der Nachwuchs für die Rentenzahlung fehlen könnte.

Werden Kinder nurmehr als Problem gesehen – als unzureichendes Mittel zu einem Zweck, den die Bevölkerungsmehrheit definiert, die nun einmal aus Alten besteht? Insofern diese zugleich die Wählermehrheit stellen, kann es für Politiker in einer Demokratie nicht anders sein. Indes erweist sich die alternde Gesellschaft, die auf erhöhten Kinderreichtum angewiesen wäre, zugleich als größtes Hindernis für die Familiengründung. In dieser Falle tappen die Politiker hilflos umher. Auf der gesamtstaatlichen Ebene versuchen sie zwar vieles, um das Kinderkriegen attraktiver zu machen. Elterngeld, Mütterrente, Kindergrundsicherung, kostenlose Kindergartenplätze sind die Maßnahmen, die teils umgesetzt, teils angestrebt, teilweise aber auch nur als folgenloser Grundsatz festgeschrieben wurden.

Auf kommunaler Ebene dagegen stellt sich die Zukunftsfrage nicht. In den Gemeinden sind die Politiker vor allem bestrebt, den gegenwärtigen Unmut betagter Wähler in Grenzen zu halten und zu vermeiden, ihnen Kitas und Sportplätze vor die Nase zu setzen. Den Höhepunkt der seniorenzentrierten Politik markierte die Coronazeit, in der Schulen geschlossen und Jugendlichen alle öffentlichen Begegnungsmöglichkeiten genommen wurden, um die Alten vor Ansteckung zu schützen. Der Schaden für die jugendliche Psyche wird von Jahr zu Jahr erkennbarer.

Es war aber nur der Höhepunkt, nicht der Kern einer Mentalität, die stets auf die Befindlichkeit der Erwachsenen, niemals die der Kinder Rücksicht nimmt. Beispiel Schule: Es ist die Konkurrenz der Eltern untereinander, die den Kindern ihren Zensurenehrgeiz aufzwingen, es ist der juristische Druck auf die Lehrer, der zu diesem Zweck ausgeübt wird und den Lehrern die Motivation nimmt ebenso wie die Möglichkeit, auf Kinder individuell einzugehen (denn das könnte ja den Gleichheitsgrundsatz gefährden). Es ist der Sicherheitswahn der Eltern, die auf jedem Schulweg nur Gefahren sehen, Aufsicht und Verbote und Kontrollen und noch mehr Beschränkungen fordern und ihren Sprösslingen die Möglichkeit nehmen, auf eigene, möglicherweise auch riskante Weise ihre Abenteuer zu haben. Es sind nicht die Ängste der Kinder, die eingehegt werden sollen, sondern die Ängste der Erwachsenen. Väter haben schon mit Videokameras, hinter Büschen versteckt, Raufereien auf einem Schulhof gefilmt, um damit die unzureichende Lehreraufsicht zu dokumentieren.

Wie überall ging es nicht um die Interessen der Kinder (die in der Regel gegen eine Rauferei gar nichts einzuwenden haben), sondern die Interessen der Eltern, die sich nicht mehr zutrauen – von welcher pathologischen Existenzangst auch immer getrieben –, mit den natürlichen Fährnissen eines Kinderlebens gelassen umzugehen. Der Grund liegt auf der Hand: Kinder haben ihre Selbstverständlichkeit verloren. Sie kommen nicht mehr als natürliche Folge gelebter Sexualität, sie werden bewusst geplant. Sie sind auf ganz neue Weise kostbar geworden: nicht aus eigenem Lebensrecht, sondern als bewusst hergestelltes Produkt ihrer Eltern. Diese betrachten das Kind wie einen Kuchen, dessen Teig nach erstklassigem Rezept mit erstklassigen Zutaten gerührt wurde und deshalb verdient, von der Gesellschaft in ihren Bildungseinrichtungen auch bei der genau richtigen Temperatur gebacken zu werden. Wehe, wenn hier gepatzt wird! Das erklärt den vorauseilenden Zorn vieler Eltern, der gewissermaßen das spiegelsymmetrische Gegenstück ist zu dem Gleichschaltungszwang der Gesellschaft, die möglichst normierte Brötchen backen will – und an den kostbaren Petits Fours gar kein Interesse hat, die den Eltern vorschweben.

Am Steilhang

Atmen Sie tief durch: Es ist alles ganz anders, als Sie dachten – aber Sie schaffen das

Die übertriebene Sorge um die Vortrefflichkeit der eigenen Brut ist eine Nebenfolge der verlorenen Selbstverständlichkeit. Da man Kinder nicht haben muss, werden ihre Kosten kalkuliert und mit anderen Ausgaben in Beziehung gesetzt. Kann ich mir Kinder überhaupt leisten? Sie werden auch mit anderen Lebensoptionen verglichen – einer Karriere ohne familiäre Hindernisse, einem möglichst lange hochgehaltenen Börsenwert am erotischen Markt, einer wie auch immer motivierten Ungebundenheit. Mitunter hat man den Eindruck, das Kinderhaben wird als eine Freizeitgestaltung neben anderen gesehen und in Konkurrenz zu weniger fordernden Hobbys (Stricken, Pilates, vegane Küche) oder womöglich noch zeitfressenderen Passionen (Pferde, Segelboote).

Nicht alle Abwägungen sind frivol. In den meisten Fällen handelt es sich um eine Mischung von hedonistischer Wahlfreiheit und ernster Scheu, einer Ahnung der existenziellen Veränderung, die Kinder bringen. Sie bringen vor allem die Wiederbegegnung mit der eigenen Kindheit, ihrer Süße und ihrem Leid, der Geborgenheit und der Verlassenheit, der Wehrlosigkeit und den frühen Ungerechtigkeiten. Stendhal hat in seiner kaum verhüllten Autobiografie *Das Leben des Henry Brulard* ein solches Erlebnis geschildert, das vielleicht heiterer ist als andere, aber doch ungeheuer typisch dafür, wie Kinder durch Zufall in eine Rolle geraten, aus der die Erwachsenen sie nicht mehr entlassen: »Meine erste Erinnerung ist die, meine Kusine in die Wange oder in die Stirn gebissen zu haben«, erzählt er. »Ich sehe sie noch vor mir, eine Frau von 25 Jahren, recht üppig und stark geschminkt. Offenbar war es dieses Rot, das mich reizte. Sie saß mitten auf der Wiese, dem sogenannten Glacis an der Porte de Bonne, und ihre Wange befand sich genau in meiner Höhe. ›Gib mir einen Kuss, Henri‹, sagte sie zu mir. Ich wollte nicht, sie wurde böse, und ich biss tüchtig zu. Ich sehe das Bild noch, aber zweifellos nur deshalb, weil man mir sofort ein Verbrechen daraus machte und unaufhörlich davon redete.«

Eine kindliche Übersprungshandlung – und schon steht das Urteil der Familie fest. »Meine Tante Séraphie erklärte, ich sei ein Scheusal und habe einen häßlichen Charakter.« Die Last der Verantwortung, die viele beim Gedanken an Kinder spüren, beruht auf der Erfahrung der eigenen frühkindlichen Prägung. Eltern sind Schicksal. Das kann auch gar nicht anders ein, und darum hat es die Menschheit die längste Zeit als selbstverständlich hingenommen.

Erst im Europa des 18. Jahrhunderts geschah etwas Erstaunliches. Was Eltern, Familie oder Gesellschaft mit Kindern anstellen, wurde plötzlich zum Thema – und zum Skandal. Im *Anton Reiser* des Schriftstellers Karl Philipp Moritz wird die ganze Leidensgeschichte eines Knaben in einer autoritären Umgebung entfaltet. Der Philosoph Jean-Jacques Rousseau lieferte die Theorie dazu: Der Mensch wird unschuldig und zum Guten begabt geboren – und dann von der Gesellschaft und der elterlichen Knute verdorben. Jean Paul gestaltete die kindliche Empfindungswelt in feinsten Verästelungen und führte dann vor, wie diese von der groben Begriffswelt der Erwachsenen überdeckt und verdrängt wird.

Im 19. Jahrhundert entsteht daraus der sentimentale Topos, dass der Mensch beim Erwachsenwerden »an Breite gewinnt, was er an Tiefe verliert«, wie die Formel von Heinrich Heine lautete. Am Ende des Jahrhunderts kulminiert das Drama in den Familienschicksalsromanen von Leo Tolstoi, der die ersten Lebensjahre zur nicht revidierbaren Charaktergrundlage seiner Figuren erklärt. Vom Analytischen ins Sentimentale gewendet wird das Motiv in Hermann Hesses Erzählung *Unterm Rad* wiederholt. Nach dem Ersten Weltkrieg folgen die tragischen Schülerromane von Robert Musil und Friedrich Torberg. Marcel Proust legt in seinem Monumentalroman *Auf der Suche nach der verlorenen Zeit* eine ganze Familie auf die Couch, um die Ängstlichkeit und Hypochondrie seiner Hauptfigur zu erklären.

Die Moderne hat das Kind als Opfer von Familie und Gesellschaft entdeckt und die Hauptlast der Schuld auf die Eltern geschoben. Dabei ist entsetzlicher Kitsch produziert worden, aber vor allem die elterliche Panik, immerfort etwas falsch zu machen. Wer in Buchhandlungen sieht, wie sich die Tische unter den Bergen von Eltern-Ratgebern biegen, versteht sofort, warum unsere Bevölkerung schrumpft. Wer will schon Kinder haben, wenn diese nichts als eine Quelle von Sorgen sind?

Auf zum Gipfel

Jetzt wird es zugig: Diese Theorie müssen Sie meistern, um auf der Höhe der Zeit anzukommen

Die Ratgeber leben davon, Ängste zu schüren, gegen die sie sich als Heilmittel empfehlen. Der pädagogisch-therapeutische Exzess hat aber noch einen anderen Effekt: Eifersucht bei den Erwachsenen. So viel Zuwendung hätten sie auch gerne. Und so entstanden die Kitschformeln vom »weinenden Kind in mir«, das getröstet werden muss – kurzum von dem kindlichen Opfer, das auch der Erwachsene lebenslang bleibt.

Der Mensch, der sich solchermaßen infantilisiert, fühlt sich nicht reif genug, seinerseits Kinder zu haben. Es sei jedoch an dieser Stelle ein großes Geheimnis verraten: Kinder, wenn sie erst einmal da sind, erlösen auf wunderbare Weise von aller weinerlichen Neigung, sich selbst noch als Kind zu fühlen. Warum? Es ist schlechterdings nicht möglich. Die Sorge fürs Kind verzehrt, was wir an Möglichkeit zum Sorgen in uns haben – für die Selbstsorge bleibt nichts übrig. Das Kind ist das Kind, und Vater oder Mutter sind die Erwachsenen, das lässt sich nicht umkehren.

Und was soll man sagen? Es ist eine ungeheure Entlastung, sich selbst zurückstellen zu können. Es geht darum, dem Kind Gutes zu tun, und was dieses Gute ist, hat zumindest in den ersten Lebensjahren etwas Unzweifelhaftes, im Gegensatz zu dem Guten, nach dem man für sich selbst oft vergeblich forscht.

Die notwendige Selbstaufgabe, mitunter sogar Selbstvernachlässigung, vor der viele Eltern-Ratgeber warnen, erweitert in Wahrheit das Bewusstsein auf ungeheure Weise. Es ist ein wenig so, als hätte man bisher geschlafen und bekäme erst jetzt so richtig die Augen auf für die Wahrnehmung des anderen. Denn dieser andere ist das Kind. Auch wenn von eigenem Fleisch, ist das Kind von Geburt an es selbst, eine erstaunliche, vielleicht sogar befremdliche Persönlichkeit. Das Kind ist keine Kopie, kein Teil der Eltern, sondern ein herrisches, willensstarkes Gegenüber.

Die ganze Idee vom Kuchen, den man nur richtig backen müsse, damit er gelingt, verfliegt als Illusion. Der Kuchen ist schon da, in gewisser Hinsicht fertig und vollkommen, nur allerdings noch sehr klein. Die Aufgabe ist jetzt, ihm beim Wachsen zu helfen, seine Entfaltung zu fördern. Wir können nur wenig gestalten, wir können nur und müssen dienen. Vielleicht ist dieses Dienen, das unsere egozentrische Gesellschaft ja sonst überall ablehnt, der tiefere Grund, vor dem Kinderhaben zurückzuschrecken.

Elternschaft versetzt jedenfalls unserem Hochmut einen Dämpfer. Wenn wir jetzt etwas über uns selbst lernen, dann vor allem über unsere Schwächen – über das, was wir nicht hinkriegen, vielleicht schon früher nicht hingekriegt haben. Kinder sind nicht gut fürs Selbstbewusstsein. Mit jedem Jahr schwindet etwas von der Gewissheit, ein Supertyp zu sein, der alles schafft. Es gibt gewiss keinen Vater und keine Mutter, die nicht schon nachts schweißgebadet aufgewacht sind, weil ihnen einfiel, was sie schon wieder falsch gemacht, an den Kindern verbrochen haben.

Schließlich, wenn die Kinder erwachsen sind, sind wir mit unserem Latein gänzlich am Ende. Oder waren wir es immer schon? Die Kinder zögern jedenfalls nicht, unsere Fehler aufzulisten. Aber wunderbarerweise, wenn wir bei allen Fehlern nicht mit Liebe gespart haben, sparen die Kinder auch nicht damit und bedenken ihre dummen alten Eltern bis zum Lebensende mit unverdienter Zärtlichkeit. ■

Unsere Bergführer

Jean-Jacques Rousseau sah das Kind als Opfer einer autoritären Gesellschaft, siehe »Emile« und »Bekenntnisse«

Leo Tolstoi beschrieb in »Krieg und Frieden« und anderen Werken, wie uns Kindheitserfahrungen lebenslang prägen

Hermann Hesse hat seine pietistische Kindheit literarisch etwa in »Unterm Rad« und »Demian« verarbeitet

WAS DAMALS GESCHAH

04 09 38

Am 4. September 1838 erreicht Henriette d'Angeville mit einer Brieftaube und gegen alle Widerstände den Gipfel des Montblanc – und verändert damit den Blick der Bergsteiger-Welt auf Frauen für immer

Text Hella Kemper

Die Nacht ist hereingebrochen, und unter dem Dreiviertelmond hält der Wind still. Die Sterne leuchten das weite Alpenpanorama aus. Wenn doch endlich der Morgen grauen würde – Henriette d'Angeville wälzt sich hin und her und zieht die Pelzdecke enger um den Körper. Ihre Füße sind eiskalt. Die Männer haben das Nachtlager in 3.000 Meter Höhe aufgebaut. Henriette schlägt die Zeltplane zurück: Im Mondlicht glitzern Eis und Schnee. Sie holt ihr Notizbuch und notiert mit spitzem Bleistift: »Nichts sprach von der Erde, wie wir sie kennen. Ich fühlte mich in eine neue Welt versetzt, als würde mir an diesem Berghang das große Geheimnis der Schöpfung offenbart.«

Um zwei Uhr morgens hält Henriette das Warten nicht mehr aus, sie will los! Auf den Gipfel ihres geliebten Bergs. Sie isst atemlos zwölf gekochte Pflaumen und eine Tasse Suppe. Es wird ihre letzte Mahlzeit für die nächsten 16 Stunden sein.

Zusammen mit sechs Bergführern, sechs Trägern und einem Maultier war die »Braut des Montblanc«, wie sich die 44-Jährige selbst nennt, am Morgen des 3. September 1838 in Chamonix unter dem Jubel Schaulustiger aufgebrochen. Die Einheimischen waren Wetten eingegangen, ob sie schon bei der ersten Gletscherspalte umkehren oder vielleicht doch von einer Lawine begraben werden würde. Bekannte versuchten, sie von ihrem Plan abzubringen, Freunde fragten, warum sie nicht ein konventionelleres Hobby wie Kutschfahrten oder Zeichnen gewählt hatte, so wie es sich für Frauen ihrer Zeit ziemte: »In einer Stadt mit 25.000 Einwohnern wurde ich von genau drei unterstützt«, notiert Henriette in ihrem Reisebericht *Mon Excursion Au Mont-Blanc.* »Die Seele hat Bedürfnisse, genau wie der Körper, die jedem Menschen eigen sind. Ich gehöre zu denen, die die Erhabenheit natürlicher Landschaften vorziehen.«

Die Menschen im Tal sprachen Anfang des 19. Jahrhunderts mit großer Ehrfurcht von dem weißen Riesen und hielten es für unmöglich, dass eine Frau den höchsten Berg der Alpen bezwingen könnte – eine adelige Französin, unverheiratet, kinderlos. Und schon 44. Dann kniffen im letzten Moment auch noch zwei der verpflichteten Bergführer; der frisch gefallene Schnee im Herbst des Jahres 1838 schien ihnen zu gefährlich. Henriette sorgte schnell für Ersatz: Sobald man eine Entscheidung getroffen habe, notiert sie, solle man alles außer den Vorteilen vergessen und seinen Absichten treu bleiben. Sonst würde das Leben in allerlei Ungewissheit und Zweifel vergeudet.

In ihrem Tagebuch, dem *Carnet Vert,* erwähnt sie, dass nicht nur Fremde und Freunde ihr Abenteuer merkwürdig finden, sondern auch die eigene Familie. Der Einzige, der sie unterstütze, sei ihr Bruder Adolphe. Er betont, dass Henriettes Bergbesteigung doch eine einmalige Möglichkeit sei, die grandiose Natur zu sehen. Die sportliche Herausforderung ignoriert er. Dabei ist sich Henriette der Gefahren ihrer Expedition durchaus bewusst: »Sollte unsere Gruppe von einer Lawine verschüttet werden, würde es mit einem Mal sechs Witwen und siebenundzwanzig Waisen geben!!!!«, notiert sie in Chamonix. Doch zu keinem Zeitpunkt stellt sie ihr Ziel infrage: Sie will auf den Gipfel des Montblanc. Als erste Frau. Schon am Tag zuvor hatte sie ihren Ehrgeiz zügeln müssen. Ihr *chief guide* Joseph Marie Couttet hatte klargemacht, dass die Gruppe nicht aufbrechen werde. Der 2. September war ein Sonntag, und an einem Sonntag steigt niemand auf den Berg, denn dann gehört der Berg dem lieben Gott.

Die Alpen gehören den Männern. Will eine Frau auf den höchsten Gipfel, sollte sie viel Geld haben – und keinen Ehemann

Henriette vertraut Couttet; er hat als junger Mann 1784 den Dôme du Goûter besiegt, einen Berg, der etwa zwei Kilometer Luftlinie nordwestlich des Montblanc liegt. Zwei Jahre später sollten Jacques Balmat und Michel-Gabriel Paccard als Erste in der Geschichte den Gipfel des Montblanc erreichen – und damit den Beginn des modernen Bergsteigens markieren.

Fast zeitgleich stürmten in Paris an der Seite der Männer auch Frauen auf die Barrikaden und machten Revolution, aber in den Bergen wurden sie von den Männern wie in vielen gesellschaftlichen Bereichen ausgeschlossen – auch die Alpen teilten sich die Männer untereinander auf. Der weltweit erste Bergsteigerklub, der Alpine Club London, den Leslie Stephen, der Vater von Virginia Woolf, mitbegründet hatte, nahm bis 1974 keine weiblichen Mitglieder auf. Stephen bezeichnete das Frauenbergsteigen als den Niedergang des Alpinismus, eine Degradierung der Gipfel. Als britische Höhensporttouristen schon zu Hunderten in die Berge reisten, waren Frauen noch immer zum Sticken und Plaudern verdammt. Ein Spaziergang auf der grünen Wiese galt schon als abenteuerlich.

Acht Jahre nachdem die ersten Männer den Gipfel des Montblanc erreicht haben, kommt Henriette d'Angeville am 10. März 1794 in Semur-en-Brionnais, einem Dorf östlich der Loire, zur Welt. Ihr Vater ist, von zwei Soldaten bewacht, bei ihrer Geburt dabei, er war als Adeliger während der Französischen Revolution ins Gefängnis gekommen, der Großvater guillotiniert worden. Die Familie flieht in das östlich gelegene Château de Lune. Dort wächst Henriette mit drei Brüdern inmitten der Berge auf. Die Geschwister spielen in der Hochlandschaft und unternehmen Wanderungen rund um den Familiensitz, von dem aus sie an klaren Tagen die Alpen sehen können.

Ihre Mutter stirbt früh, doch Henriette wird erst 1827, nachdem auch ihr Vater gestorben ist, den Familiensitz verlassen und nach Genf ziehen. In der Stadt bewahrt sie sich ihre Liebe zu den Bergen. Auf einer ihrer Wanderungen reift in ihr die Idee, den Montblanc zu besteigen: »Wenn ich den Gipfel des Montblanc als Krönung dieser verschneiten Landschaft erblickte, brachte er mich in einen Zustand, den ich heute kaum verstehen oder erklären kann: Mein Herz schlug gewaltig, mein Atem stockte, tiefe Seufzer entrangen sich meiner Brust. Ich spürte ein solch leidenschaftliches Verlangen, ihn zu besteigen, dass sich meine Füße wie von selbst bewegten.« Henriette hat einen Traum. Und setzt alles daran, ihn zu verwirklichen.

Sie bereitet die Besteigung akribisch vor. Besonders auf die Kleidung legt sie viel Wert. Hosen sind für Frauen tabu, doch Röcke sind beim Bergsteigen gefährlich:

Abbildungen: akg-images (3); Getty Images (6); SZ Photo/dpa (u. r.)

Ständig ist Stoff im Weg, bleibt an Steinen hängen, erhöht das Sturzrisiko. Henriette startet in Chamonix im Rock, aber am Fuß des Montblanc zieht sie die nach ihren Entwürfen angefertigte Montur an. Ihre Bergkleidung besteht aus weit geschnittenen Hosen, die in der Taille mit einer Kordel und an den Fußgelenken mit Gamaschen zusammengehalten werden. Die Hosen sind aus schottischem Wollkaro mit weichem Vliesfutter. Die lang geschnittene Bluse ist aus demselben Material; in die Brust- und Rückenpartie hat Henriette Biesen einnähen lassen, abgesteppte Falten, für sechs Extraschichten Wolle. Ein breiter Ledergürtel rafft in der Taille alles zusammen.

Die gestrickten Handschuhe sind mit Pelz gefüttert und groß genug, um über andere zu passen. Die enge Haube ist ebenfalls gefüttert und mit Pelz besetzt. Henriette hat sich außerdem eine Gesichtsmaske aus schwarzem Samt besorgt und einen pelzgefütterten Plaid, eine Art Schulterdecke, die sie als Mantel und in den kalten Nächten als Decke nutzen kann. Die wasserdichten Stiefel haben unter den Sohlen Nägel, damit sie auf Eis nicht rutschen. Die komplette Bergmontur mit Stiefeln wiegt 21 Pfund, rechnet Henriette aus.

Zusätzlich hat sie »einige Artikel mit, die den Komfort und die Bequemlichkeit der Reise erhöhten«, wie sie notiert. In einem Strohkorb verstaut sie Kölnisch Wasser, einen großen und einen kleinen Fächer, ein Taschenmesser, einen Schuhlöffel, einen kleinen Spirituskessel (»um in fünf Minuten Tee zu kochen oder Suppe zu erwärmen«), Tee, Streichhölzer, Thermometer, Fernglas, Gummikissen, Trinkbecher und Gurkenpomade. Natürlich ein Notizbuch, spitze Bleistifte und einen kleinen Spiegel – »einen wahrhaft weiblichen Artikel, den ich jedoch jedem, der eine Expedition in die Höhe plant, wärmstens empfehlen würde. Denn man kann damit die Haut untersuchen, um zu sehen, welche Schäden die Bergluft angerichtet hat.« Sie rät, Brandblasen auf der Haut mit Gurkenpomade zu behandeln.

Die Träger haben die Ausrüstung verpackt, alles ist vorbereitet. Henriette ist beim Aufbruch in Chamonix zuversichtlich, aber wird das Wetter halten? »Der Himmel war von perfekter Heiterkeit, das Barometer blieb günstig.« Sie startet selbstbewusst. »Mein Körper fühlte sich leicht wie Luft an, mir war weder heiß noch kalt, ich war weder hungrig noch durstig; nur zog es mich so stark zum Montblanc hinauf, dass ich, hätte ich ihm freien Lauf gelassen, mit voller Kraft hinaufgestürmt wäre. Ich konnte es nicht erwarten, aufzubrechen, und zwang mich zu warten« – bis die Träger und Führer endlich gefrühstückt hatten. Dabei hatte Henriette jede Menge Proviant besorgt, er musste für die große Mannschaft zwei Nächte und drei Tage lang reichen: 2 Schafskeulen, 2 Kalbslenden, 6 Brote, 12 Zitronen, 3 Pfund Zucker, 3 Pfund Schokolade, 3 Pfund Pflaumen, 1 Flasche Cognac, 18 Flaschen Saint-Jean-Wein.

Dann endlich, die Gruppe bricht auf, Henriette eilt trittsicher voraus. Erst als sie den Fuß des Montblanc erreichen, ist sie bereit, sich den Befehlen der Bergführer zu fügen. Die Kundschafter gehen voraus, um das Gelände zu prüfen. An der ersten Gletscherspalte willigt sie ein, sich vor dem Sprung ein Seil um die Hüften zu binden, doch als sie sieht, wie die Männer ohne Hilfe hinüberspringen, tut sie es ihnen gleich. Sie kommen gut voran und erreichen zeitig den Platz fürs Nachtlager.

Doch an Schlaf ist kaum zu denken, um 2 Uhr drängt Henriette zum Aufbruch. Der 4. September beginnt wie der Tag zuvor unter heiterem Himmel, doch jetzt geht es steil nach oben. Alles ist Eis, alles Sonne. Das Licht brennt in den Augen. Henriette trägt keine Sonnenbrille. Sie klettert schneller: »Langsam«, warnen die Führer sie, »geh, als ob du den Gipfel nicht erreichen wolltest.« Ihre Schichten aus Wolle, Seide und Flanell halten sie warm, doch der aufkommende Wind peitscht ihr ins Gesicht. Ihr Herz rast, einigen der Männer wird in der Höhe übel, andere haben höllisches Kopfweh. Henriette wird von einer heftigen Müdigkeit geplagt. Nach fünf, sechs Schritten braucht sie jeweils eine Pause, würde sich am liebsten in den Schnee werfen. Schlafen. Nur schlafen. Nur eine Minute oder zwei.

Der Körper ist bleischwer. Henriette kämpft gegen das übermächtige Bedürfnis an, aufzugeben. Als zwei der Männer ihr anbieten, sie zu tragen, reißt sie sich zusammen. Sie denkt an ihre Vorgängerin. Dreißig Jahre vor ihr war Marie Paradis, eine Magd aus Chamonix, auf dem Gipfel des Montblanc. Bergführer brachten Marie irgendwie hoch, zogen, schoben und trugen die junge

Gerade noch züchtig genug für eine französische Adelige im Jahr 1838: Henriette d'Angeville in der von ihr entworfenen Bergkleidung. Vom standesgemäßen Rock in die wollenen Pumphosen wechselte sie aber erst am Fuß des 4.805 Meter hohen Montblanc

Foto: SZ Photo/dpa Picture Alliance

Frau auf den Berg. In Henriettes Augen – und bis heute in den Augen vieler anderer – zählt das nicht. Sie will den Thron Europas als erste Frau aus eigener Kraft erreichen.

Wenn nur das Herzklopfen nicht so heftig wäre. Henriette hat das Gefühl, zu ersticken. Sie wirft sich zu Boden, überwältigt von der alles betäubenden Schläfrigkeit. Später wird sie in den Spiegel schauen und »ein wahres Monster« sehen: blutige Lippen, in den Augen geplatzte Äderchen, Haut löst sich ab. Sie schlägt die Stiefel ins Eis, konzentriert sich auf jeden Schritt, ignoriert den Abgrund neben sich. Die Gruppe wird langsamer, sie erreicht das letzte breite Schneefeld unterhalb des Gipfels. Henriette kann die Augen kaum noch offen halten. Sie bricht zusammen. Die Bergführer rütteln sie wach. Sie weigert sich, getragen zu werden, willigt aber ein, einen Stock zu ergreifen, den ihr die Männer vor und hinter sich wie ein Treppengeländer hinhalten. »Noch einmal ließ man mir fünf Minuten Erholung; als ich wieder aufstand, löste ich das sinnlos gewordene Seil und stieß die Stöcke weg, um ganz allein und ohne irgendeine fremde Hilfe die drei Schritte zu gehen, die mich noch vom Sieg trennten.«

Um 13.25 Uhr erreicht Henriette d'Angeville den Gipfel des Montblanc. Sie rammt die Spitze ihres Stocks ins Eis. Die Müdigkeit ist wie weggeblasen. Kalte, klare Luft strömt durch ihre Lungen. »Ich war im Begriff, die großartigsten Ausblicke der Natur zu genießen!« Eine Stunde lang schreibt sie Briefe an die Familie und Freunde, die sie wieder mit ins Tal tragen muss. Außerdem schickt sie eine Brieftaube los. Dann schreibt sie ihr Motto in den Schnee: *»Vouloir, c'est pouvoir.«* Wollen ist Können. Und dann gelangt sie höher als alle anderen vor ihr: Couttet und ein zweiter Mann heben sie auf ihren Händen in die Höhe. Jetzt ist sie höher als der Montblanc selbst.

Beim Abstieg bricht Henriette auf einer Schneebrücke ein, ihr Bein tritt ins Leere, ein Führer kann sie im letzten Moment halten. »Er ist da, der Feind«, schreibt sie später, »es ist der Tod.« Als sie dann aber doch glücklich das Tal erreicht haben, veranstaltet sie ein Festessen. Mit am Tisch sitzt – etwas abseits und still – eine Frau mit weißen Haaren: Marie Paradis, 30 Jahre nach ihrem eigenen Aufstieg.

Es werden weitere 16 Jahre vergehen, bis es wieder eine Frau auf seinen Gipfel schafft. Und Henriette d'Angeville wird noch mit 69 auf über 3.000 Meter Höhe klettern. Sie stirbt 1871. Im selben Jahr besteigt Lucy Walker als erste Frau das Matterhorn. Noch mal hundert Jahre später steht die erste Frau auf dem höchsten Berg der Erde, dem Mount Everest: Die Japanerin Junko Tabei erreicht 20 Jahre nach Edmund Hillary den Gipfel. Sie sagt später: »Ich kann nicht verstehen, warum Männer so einen Wirbel um den Mount Everest machen. Er ist doch auch nur ein Berg.« ▪

Die Passagen aus dem »Carnet Vert« wurden von Petra Hucke für diesen Artikel übersetzt.

IM GARTEN VON CLAUDE MONET

Täglich mussten die Gärtner in Giverny die Blätter der Seerosen befeuchten, damit sie das Licht besser reflektierten. Denn Impressionismus heißt, das Licht zu malen

Fotos Aileen Bordman

Als stünde man vor den Gemälden Claude Monets: Bambus und Blumen wuchern wie die Farbschichten auf seinen Leinwänden. Mit den Bildern der amerikanischen Fotografin Aileen Bordman taucht man ein in Monets überbordenden Garten in Giverny, 60 Kilometer nordwestlich von Paris. Bordman kennt das Anwesen seit ihrer Jugend: Ihre Mutter gehörte zu einer Gruppe, die sich in den 1970er-Jahren für seine Rettung engagierte

Foto: akg-images

DIE UNSICHTBARE KRAFT

Seit Urzeiten sät der Mensch Lilien, Lotus und andere Blütenschönheiten. Satt wird er nicht davon. Warum tut er es dann?

Text Hella Kemper

Ob Claude Monet durch das Fenster seines Eisenbahnabteils die roten Tulpen blühen sah? Oder die späten Narzissen, die ihre Kelche der Frühlingssonne entgegenstrecken? Im April 1883 entdeckte der Maler auf einer Bahnfahrt von Poissy nach Vernon einen Bauerngarten und das an der Nordseite gelegene Wohnhaus, das ihm sofort passend schien für seine zehnköpfige Patchworkfamilie. Monet mietet den kleinen Hof und schreibt noch im Mai: »Ich bin in Ekstase. Giverny ist für mich ein herrliches Land.« Da war der Maler 43 Jahre alt, in der Mitte seines Lebens und bitterarm. Land und Blumen aber sollten ihn reich machen – vor allem die Seerosen, die er ein paar Jahre später, 1889, auf der Weltausstellung in Paris zum ersten Mal in seinem Leben sah. Monet liebte Blumen ihrer Anmut wegen, er mochte die zarten, aber auch die kräftigen Töne, das flirrende Licht, das florale Übermaß und natürlich das Liebesleben, das Blüten ohne Scham ausstellen. Sind Blumen nicht die idealen Musen eines Malers? Zeigt sich in jeder einzelnen nicht das ganze Leben?

»Vielleicht bin ich nur durch die Blumen zum Maler geworden«, schreibt Monet im Anblick von Vergissmeinnicht und Kapuzinerkresse, Gladiolen und Dahlien und natürlich der ganzen Vielfalt des Bauerngartens mit Malven, Glockenblumen und Storchschnabel. Dem Himmel näher wachsen die stolzen Hochstammrosen, in weiten Schwüngen die verspielten Rosen und nahe der japanischen Brücke die herabstürzende Glyzinie, Blauregen und Klematis. Und später wachsen auch die Seerosen auf dem Teich, den Monet graben lässt und dessen Wasser das Licht und die ganze Schönheit des Gartens vervielfacht. Monet gestaltet die Natur nach seinen Vorstellungen. Er macht sich zum Schöpfer der Motive seiner Kunst. Der Garten in Giverny ist ein Kunstwerk, das dazu dient, ein anderes – vielleicht noch größeres – Kunstwerk zu erschaffen. Mit den Gemälden seiner Garten- und Wasserlandschaft verdient Monet schon bald viel Geld, er kauft das Haus, kauft mehr Land für noch mehr Blumen, noch mehr Bilder und Schönheit. Ein Jahr vor seinem Tod vollendet er den 22 Großgemälde umfassenden letzten Seerosenzyklus.

Blumen geben uns Hoffnung

Was faszinierte Monet an Blumen? Warum erfreuen wir uns an den ersten Schneeglöckchen im Frühjahr und den Herbstzeitlosen, wenn die Tage dunkler werden? Warum liegt im nutzlosen Betrachten ein Reiz, »der reicht, das Leben froh und glücklich zu machen«, wie Jean-Jacques Rousseau in den *Träumereien eines einsamen Spaziergängers* schreibt? Blumen vermitteln uns die Vorstellung, dass das Leben kein Ende kennt, sondern einem Kreislauf folgt. Dass alles wieder von vorn losgehen kann. Dass das Sterben einen Sinn hat. Jede Blüte ist ein Beweis der Endlichkeit, aber auch der Wiedergeburt. Eine Blume muss welken, damit ihre Früchte wachsen und ihre Samen sich verbreiten. Der einzige Lebenszweck einer Blüte besteht darin, die Fortpflanzung sicherzustellen.

Auch Sigmund Freud war ein großer Gartenliebhaber. Der Begründer der Psychoanalyse meinte, dass Pflanzen in Träumen sexuelle Wünsche darstellen oder verbergen. Im Sommer 1913 wurde Freud von dem Dichter Rainer Maria Rilke und seiner Geliebten Lou Andreas-Salomé auf einer Bergwanderung begleitet. Freud schildert später, dass Rilke die Schönheit der Natur »nur als Vorboten des Verlustes« sehen konnte, nicht aber die Wandlungsfähigkeit alles Lebendigen. Freud dagegen schwärmte davon, dass die Schönheit der Blumen nach ihrer Zerstörung durch den Winter wiederkehre, und dass diese Wiederkehr im Verhältnis zu unserer Lebensdauer als eine ewige bezeichnet werden dürfe.

Blumen verschönern die Welt

Die älteste Pflanze, die in einer menschlichen Siedlung gefunden wurde, ist 23.000 Jahre alt. Sie sieht aus wie ein Gänseblümchen, das man nicht essen konnte und das nicht als Medizin diente, und trotzdem gab es am Ufer des Sees Genezareth unendlich viele davon. Warum?

Die Natur bleibe unbeeindruckt von unseren Gefühlen, aber die evolutionäre Bedeutung freudiger Empfindungen dürfe man nicht unterschätzen, sagen die Psychologin Jeannette Haviland-Jones und der Genetiker Terry McGuire von der Rutgers University. Sie vermuten, dass vor rund 5.000 Jahren Wildblumen sich auf den gerodeten Böden der Bauern selbst ausgesät hatten und in der umgegrabenen Erde besonders gut gediehen. Vielleicht ließen die Bauern sie stehen. Vielleicht kultivierten sie die schönsten, vermehrten und verschenkten sie, schmückten die Häuser und die Gräber der Toten – weil ihnen die Blumen gefielen. So wie den Menschen am See von Genezareth die Gänseblümchen. Wir lieben die Natur nicht nur, weil sie uns satt macht, sondern weil sie unser Leben schöner macht.

Als Robin Wall Kimmerer, Pflanzenökologin und Mitglied der Citizen Potawatomi, gefragt wurde, warum sie sich als Studentin für Biologie entschieden habe, antwortete sie, dass sie herausfinden wollte, warum Astern und Goldruten so schön zusammen aussehen. »Bienen haben eine andere Farbwahrnehmung als Menschen, doch Gelb und Violett nehmen sie genauso wahr wie wir«, schreibt sie in ihrem Buch *Ehrenhafte Ernte*. Deshalb werden Astern, die in der Nähe von Goldruten wachsen und umgekehrt, deutlich häufiger bestäubt.

Als Kind ging Kimmerer an den Bach, um bei den Goldruten zu spielen. Wie die Blumen gaben ihr auch die Erdbeeren das Gefühl, dass die Welt voller Geschenke ist. Die unsichtbare Kraft, die bewirkt, dass Pflanzen über Nacht aus dem Boden schießen, nennt Kimmerer *Puhpowee*. Am nächsten Morgen ist alles anders: Aus der behaarten Kapsel des Mohns quillt ein zerknitterter roter Stoff, die weißen Erdbeerblüten haben sich in grüne Kugeln verwandelt.

Blumen heben unsere Stimmung

»Ein Bauerngarten hat ja auch immer beide Seiten«, sagt der Kulturwissenschaftler Hartmut Böhme, »er ist dann besonders schön, wenn das Gemüse üppig wächst und zugleich das Haus schmückt. Blumen gehören zu dem, worauf wir alle Anspruch haben. Nämlich dass die Welt möglichst angenehm und ansehnlich eingerichtet ist.« Das emotionale Erleben von Welt sei stark daran gebunden, dass wir ein ästhetisches Auge haben, das Blumen wahrnimmt, und dass wir Freude daran haben.

Blumen heben unsere Stimmung. Sue Stuart Smith beschreibt in ihrem Buch *Vom Wachsen und Werden,* wie die britische Wohltätigkeitsorganisation Lemon Tree in syrischen Flüchtlingslagern Gärten anlegte. Und obwohl dringend Nahrung benötigt wurde, waren etwa 70 Prozent der Pflanzen, die die Geflüchteten für den Anbau auswählten, Blumen. »So intensiv war ihr Bedürfnis, Schönheit in ihren ansonsten bedrückenden Lebensraum zu bringen.«

Blumen schenken uns das Leben

Als vor 500 Millionen Jahren einige Pflanzen an Land kamen, produzierten sie die Zutaten, die es möglich machten, dass anderes Leben entstand. Nach den Cyanobakterien waren es die frühen Landpflanzen, die die Zusammensetzung der Luft zugunsten des Sauerstoffs veränderten. Seit sich ein Gleichgewicht gebildet hat zwischen der Sauerstoffproduktion der Photosynthese und dem Sauerstoffverbrauch der Atmung, sind wir lebensfähig.

Die ersten Blütenpflanzen, die vor rund 130 Millionen Jahren heranwuchsen, waren einfach gebaut und ohne auffällige Blütenblätter. Erst Millionen Jahre später explodierte ihre Vielfalt. Sie entwickelten blumige Kelch- und Kronblätter, Staub- und Fruchtblätter und später auch eine Schutzhülle für die Samenanlage, den Fruchtknoten. Zeitgleich mit ihnen entstanden Insekten wie Käfer und später auch Bienen. Komplexe Pflanzen-Insekten-Kooperationen brachten die Evolution in Schwung. Dass Pflanzen die Quelle allen Lebens auf der Erde sind, liegt an ihrer großen Zahl. Sie stehen am Anfang der Nahrungskette aller Tiere. Jeder dritte Bissen, den wir essen, kommt angeblich durch blütenbestäubende Insekten zustande.

Der Evolutionspsychologe Steven Pinker vermutet, dass sich Menschen ursprünglich zu Blüten hingezogen fühlten, weil diese sie auf zukünftige Nahrung hinwiesen. Wo eine Blüte ist, wächst im Spätsommer ein Apfel. Wenn auf dem Feld Erbsen blühen, hängen bald Schoten am Stängel. Ein Großteil der heute lebenden Pflanzen bilden Blüten. Nicht so große wie die Seerosen in Monets Gartenteich. Aber jede von ihnen ist ein Versprechen. Wer Blumen sät, hat noch nicht aufgegeben. Und vielleicht auch nicht, wer – wie Rilke – Rosenblätter in der Hosentasche trägt. Aber als Rilke beim Schneiden von Rosen (für eine Frau) ein Dorn in die Hand dringt, kann sich sein von Leukämie geschwächter Körper gegen den Erreger nicht zur Wehr setzen. Der Dichter stirbt. Sein 24 Gedichte umfassender Rosen-Zyklus aber wird ihn ewig überleben. ■

Der Geist, der nicht verschwinden will

Seit Jahrtausenden leben Menschen in Armut. Wirklich hinterfragt wurde sie nie – mal galt sie als gottgewollt, mal als persönliches Versagen. Soll das so bleiben?

Text Niels Boeing   Infografiken Carsten Raffel

ABER WIE WEITER?

Im Mittelalter waren Armenspeisungen wie durch die heilige Elisabeth an der Tagesordnung (links). Heute sind sie immer noch nötig: Suppenküche in Berlin mit der damaligen Bundesarbeitsministerin Andrea Nahles (2017)

Die erste Begegnung mit der Armut ist überaus merkwürdig«, notiert der 26-jährige Engländer Eric im Sommer 1929 in Paris. »Man hat so viel über Armut nachgedacht – sie ist das, was man ein ganzes Leben lang gefürchtet hat.« Mit großen Träumen ist er an die Seine gezogen, hat sich mit Englischunterricht über Wasser gehalten, dessen Honorar gerade genügt, um die Miete in einer wanzenverseuchten Herberge zu bezahlen. Ein paar Francs hat er zusammensparen können, doch die werden ihm aus seinem Zimmer gestohlen. Dann springt der letzte Schüler ab.

Eric hat noch genau 30 Centimes in der Tasche und tritt den Gang zum Pfandhaus an. Er versetzt alle seine Kleidung bis auf das, was er am Leib trägt. »Man dachte, es wäre schrecklich, aber es ist einfach nur schäbig und langweilig. Es ist die eigentümliche Herabsetzung durch Armut, die man als Erstes bemerkt«, schreibt er.

Mit einem aus Russland geflohenen Freund durchstreift Eric die Stadt, um sich als Tellerwäscher zu verdingen, nimmt die abschätzigen Blicke auf ihre schäbige Kleidung wahr. An manchen Tagen essen sie nur Brot und Margarine. Irgendwann ergattern sie einen Job in der Küche eines Hotels, unten im Keller. Nie genügt der Hungerlohn, um etwas zu sparen. 17 Stunden arbeiten sie täglich, sieben Tage die Woche. Keine Zeit, um sich nach etwas anderem umzusehen. Es ist ein elendes Leben, das die beiden nur mit schwarzem Humor aushalten. Nach zehn Wochen sendet Eric einen Hilferuf nach London, ein Freund schickt ihm Geld für die Heimreise.

Die Notizen dieser Zeit erscheinen gut drei Jahre später als Memoir unter dem Titel *Down and Out in Paris and London*. Es ist das erste Buch von Eric Blair, der sich nun George Orwell nennt. Was Orwells Schilderung so eindrücklich macht, sind die präzisen Beobachtungen. Die Scham, die den in Armut Gestürzten befällt. Die Anstrengungen, bei zufälligen Begegnungen den Anschein einer soliden Existenz aufrechtzuerhalten. Aber auch die Würde, die er und seine Mitstreiter zu bewahren suchen.

Wie ein hinterhältiger Geist scheint die Armut in den Straßen der Metropole zu lauern, und hat sie einen einmal in den Klauen, ist es kaum möglich, sich ihr zu entwinden. Und sie kann bei jedem zuschlagen – Orwell hatte die Eliteschule Eton absolviert und als Kolonialbeamter in Burma und als Journalist in England gearbeitet, und doch haben ihn diese Stationen nicht geschützt.

Selbst schuld, könnte man sagen. Wer gibt denn schon einen gut dotierten Posten in der britischen Kolonialverwaltung für eine Träumerei vom Schriftstellerdasein auf? Eine bis heute verbreitete Haltung, die aber dem Phänomen nicht gerecht wird. Armut hat viele Gesichter, und das seit Jahrtausenden. Selbst die modernen Industriegesellschaften mit ihrem Wohlstand, der historisch keine Vorläufer hat, haben es nicht geschafft, sie zu beseitigen. Das könnte daran liegen, dass keine Epoche ernsthaft ihre Ursachen ergründen wollte.

Bereits in der Antike war Armut in den Hochkulturen rund um das Mittelmeer weitverbreitet. Über 500 Jahre hinweg hatte sich die römische Republik zu einer extrem ungleichen Gesellschaft entwickelt. Zu Caesars Zeit war der Landbesitz in seinem Reich bereits in den Händen weniger Großgrundbesitzer konzentriert, die alten Patrizier-Geschlechtern entstammten. Die freien Bürger mussten sich als Tagelöhner verdingen und waren häufig finanziell schlechtergestellt als Sklaven, die zwar kein Bürgerrecht und keine Freiheit hatten, aber deren Herren schon aus Eigeninteresse für sie sorgten.

Viele Freie zog es nach Rom, das damals schon gut eine halbe Million Einwohner hatte. Etwa die Hälfte der Menschen in der Stadt lebte nach heutigen Maßstäben in Armut. »In Rom wie in allen anderen antiken Republiken waren die Armen permanent gegenüber den Reichen und Mächtigen verschuldet«, hat der britische Historiker Neville Morley festgestellt. Die Schulden je zurückzahlen zu können, war den allermeisten Armen unmöglich.

In der römischen Republik hatten Arme Stimmrecht. Das brachte die Reichen auf eine perfide Idee

Allerdings brauchten die Reichen und Mächtigen die Armen, denn auch diese hatten als Bürger das Stimmrecht in den Komitien. Diese Bürgerversammlungen wählten die Beamten des römischen Staats. Die Kandidaten, die aus den großen Familien kamen, erließen den Armen ihre Schulden, wenn diese in der Wahl ihre Stimme für sie abgaben. Dann begann der Zyklus von vorne: Die Armen verschuldeten sich erneut, während die Reichen und Mächtigen ihren Ambitionen nachgingen. An der Ungleichheit änderte sich nichts. »Rom verkörperte einen Staat, der zum Nutzen der Reichen gemanagt wurde«, schreibt Morley. »Ergebnis war, dass die Armen in Untätigkeit gehalten wurden und arm blieben.« Eine Sozialpolitik wie heute gab es nicht.

Damit die armen Massen nicht aufmuckten, gewährte man ihnen in der späten Republik Getreidespenden zum Brotbacken. Diese Almosen waren politisch motiviert. Moralischen Erwägungen entsprangen sie nicht. Im Gegenteil: »Arme waren Opfer von Komik, Spott und Verachtung in einem Ausmaß, wie wir uns das heute überhaupt nicht mehr vorstellen können«, sagt der Trierer Historiker Herbert Uerlings. Diese Verachtung ist auch durch ein archäologisches Graffito in Pompeji überliefert, jener Stadt, die im Jahre 79 von der Lava des Vesuvs begraben wurde: »Ich verabscheue arme Menschen, wer etwas möchte, soll dafür Geld zahlen«, steht dort.

Ein halbes Jahrhundert zuvor hatte ein Wanderprediger in der Levante, am östlichen Mittelmeer, andere Töne angeschlagen.

Wirtschaftswachstum und Armut in Deutschland

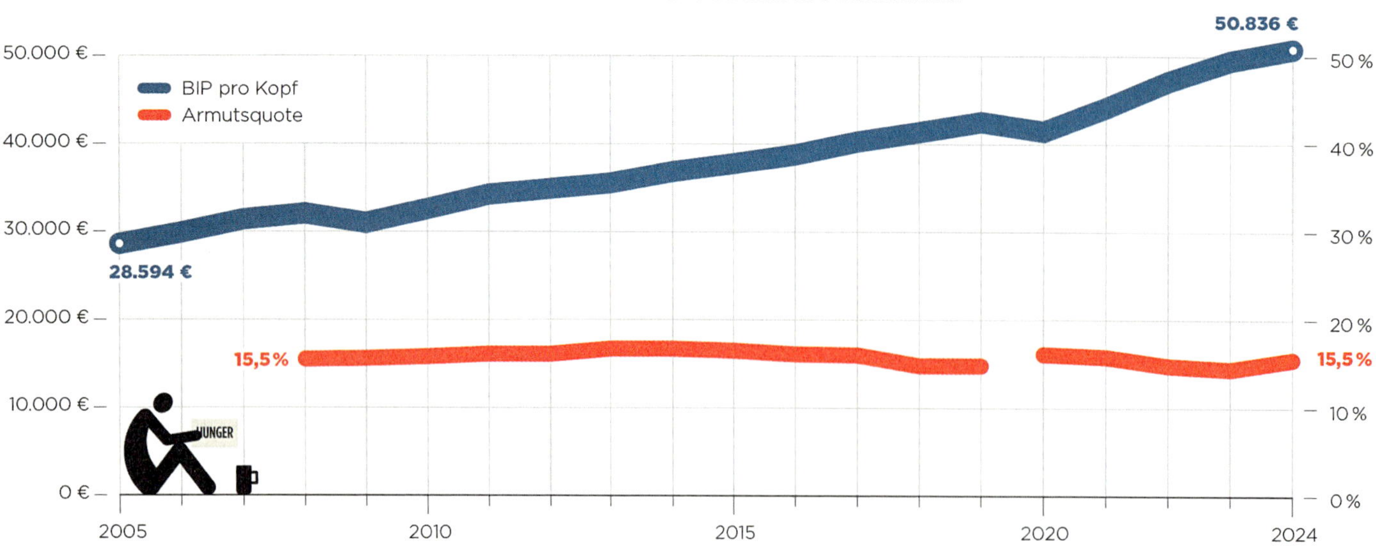

Der Anteil der Bevölkerung, der weniger als 60 Prozent des mittleren Einkommens verdient, ist als Armutsquote definiert (neue Berechnungsmethode ab 2020). Er stagniert, während die Wirtschaftsleistung pro Kopf steigt

Quelle: Der Paritätische; DIW

Entwicklung der Haushaltsnettoeinkommen in Deutschland

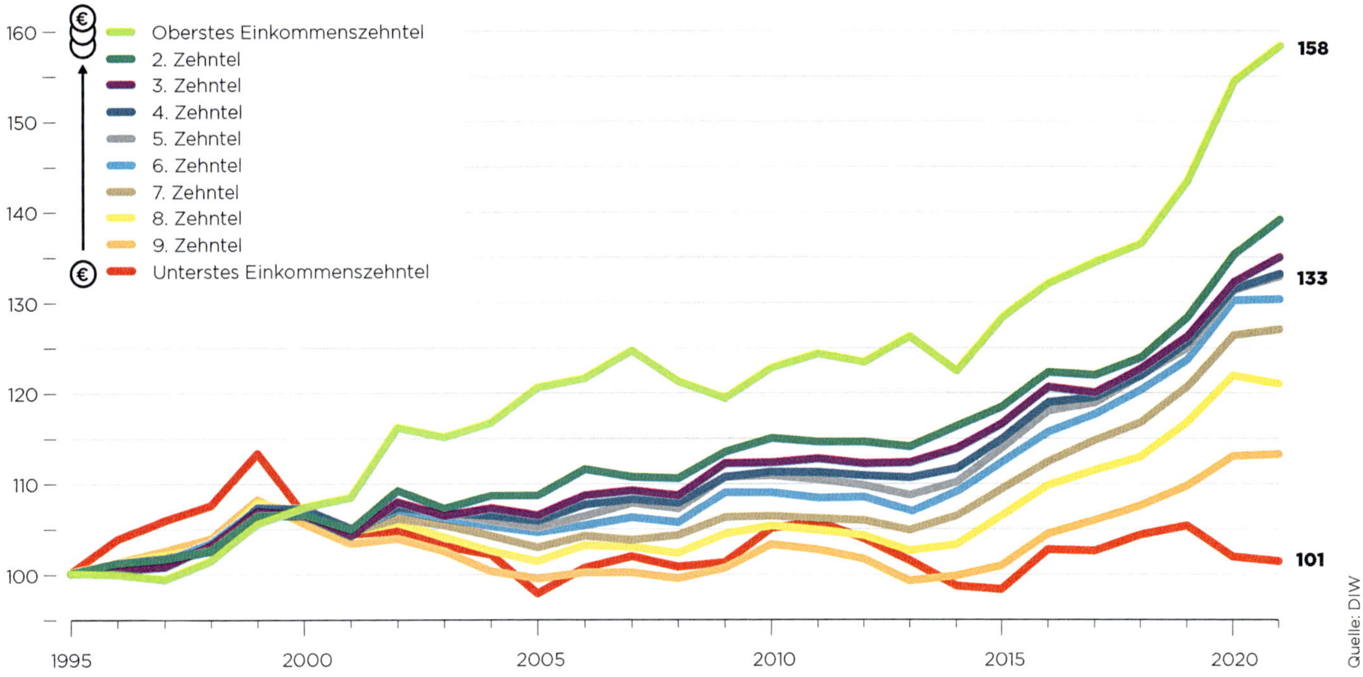

Wer profitiert am meisten vom Wirtschaftswachstum? Das oberste Zehntel der Bevölkerung verdiente 2021 im Schnitt 58 Prozent mehr als 1994, das unterste nur magere 1,4 Prozent. Die Werte sind inflationsbereinigt

»Wenn du vollkommen sein willst, geh, verkauf deinen Besitz und gib das Geld den Armen«, hatte er einem vermögenden Mann geraten, der Rat für sein Seelenheil suchte. Mit einer Schar von Anhängern zog er, selbst ohne Besitz, durch die Lande und hielt scharfe Reden gegen die Reichen. »Aber weh euch, die ihr reich seid; denn ihr habt keinen Trost mehr zu erwarten.« Das war unerhört und sprach sich herum.

Damit trat der Wanderprediger Jesus von Nazareth eine Lawine los, die Jahrhunderte später das Römische Reich erfasste. Das auf seinen Lehren begründete Christentum wurde zur Staatsreligion und veränderte den Umgang mit Armut radikal. Die Bischöfe der Spätantike verstanden sich als »pater pauperum«, als Vater der Armen. Sie bauten eigene Häuser, um Arme und Kranke zu versorgen. »Xenodochium« (Herberge für Fremde) wurden sie genannt. Sie waren die Vorläufer des Krankenhauses.

Die Armenfürsorge wurde im Mittelalter prägend für die christliche Welt. Kirchen und Klöster übernahmen die Aufgaben der frühen Xenodochien. Die Armen waren nicht länger stigmatisiert. Warum Menschen arm waren, diese Frage wurde aber nicht gestellt. »Dass es Ungleichheit gibt, nahm man als gottgewolltes Faktum hin«, sagt die Historikerin Siegrid Westphal von der Universität Osnabrück.

Ähnlich wie in Rom entwickelte sich im christlichen Mittelalter ein Deal zwischen Reichen und Armen: Die Reichen gaben den Armen Almosen, und die Armen beteten für das Seelenheil der Reichen. Die antike Denkweise des »do ut des« (ich gebe, damit du gibst) blieb erhalten.

Ab 1400 geriet die mittelalterliche Ordnung ins Wanken. Das europäische Bevölkerungswachstum, nur kurz von der Pest unterbrochen, trieb immer mehr Arme, die auf dem Land keine Perspektive mehr sahen, in die Städte. Diese sahen sich gezwungen, mit der neuen Zuwanderung umzugehen. Die Kirchen und Klöster waren hierbei kaum eine Hilfe. »Die Städte mussten nun einen effizienten Umgang mit ihren Ressourcen planen, und so entstanden die ersten Armenordnungen«, sagt Westphal. Weil der Druck auf die Städte nicht nachließ, führten sie Bedürftigkeitsprüfungen ein. Ein wichtiges Kriterium war nun, ob ein armer Migrant arbeitsfähig war. Statt Almosen gegen Gebete hieß es nun: Almosen gegen Arbeit. »Die Reformation hat diese Entwicklung nicht ausgelöst, nur verstärkt«, sagt Siegrid Westphal.

Der Wandel jener Zeit prägt den Umgang mit Armen im Westen bis heute. Hier entsteht das Bild des faulen Armen, der sich ins Fäustchen lacht über die Karitas, die ihm da widerfährt. Die Obrigkeiten unterscheiden nun zwischen unwürdigen Armen, die ihr Elend selbst verschuldet haben, und würdigen Armen, die unverschuldet in Not geraten sind, etwa durch Missernten oder Naturkatastrophen. Dass immer mehr Menschen in Armut fallen, weil sie auf dem Land nicht mehr gebraucht werden oder gar wie in England ihres Landes beraubt worden sind, wird allenthalben ignoriert. Stattdessen verfolgt die Obrigkeit im 18. Jahrhundert eine rigide Politik der Disziplinierung und errichtet Armenhäuser. Mit den Xenodochien der Spätantike haben diese nichts mehr gemein: Es sind eher Einrichtungen zur Zwangsarbeit, Gefängnissen nicht unähnlich. Wer nicht im Armenhaus landet, wird bald in den Fabriken der frühen Industrialisierung diszipliniert. Es entsteht das, was man auf Englisch *working poor* nennt. Ein Industrieproletariat, das trotz Arbeit bitterarm ist.

Im 20. Jahrhundert haben die beiden Weltkriege große Teile der Bevölkerung verarmen lassen. Diese Zeiten erscheinen vielen in den postindustriellen Gesellschaften wie eine ferne Vergangenheit. Hat nicht Europa, hat nicht der Westen daraus gelernt und einen Sozialstaat aufgebaut? Armut, so scheint es, ist zumindest in den frühindustrialisierten Ländern überwunden. Armut, das ist doch heute die Geißel des Globalen Südens, wo immer noch Hunderte Millionen Menschen unter der sogenannten Armutsgrenze leben. Diese Grenze haben die Vereinten Nationen definiert: Sie liegt derzeit bei einem verfügbaren Einkommen von 2,15 Dollar pro Tag. Eines der UN-Ziele für nachhaltige Entwicklung ist, die Millionen Betroffenen bis 2030 aus ihrer Armut zu holen. Dafür werden Milliarden Dollar an Entwicklungshilfe in den Globalen Süden transferiert. Und doch sieht es nicht danach aus, dass das Ziel im Jahr 2030 erreicht wird. Im Gegenteil: Die Ungleichheit in den frühindustrialisierten Ländern hat nach einer Phase materieller Sicherheit – die Franzosen nennen sie *trente glorieuses,* die glorreichen dreißig Jahre von 1946 bis 1975 – erschreckende Ausmaße angenommen. Working Poor gibt es längst auch wieder in Berlin, London, Paris oder New York.

Haben wir etwas übersehen?

Ja, eine Menge, wenn man Armutsforscher wie Christoph Butterwegge fragt, Professor für Politikwissenschaft an der Universität zu Köln. Zum einen ist Armut mehr als Einkommensarmut, von der in Deutschland gut 15 Prozent betroffen sind, darunter zunehmend Senioren und Kinder. Sie geht stets mit einer sozialen Abwertung einher. Ausschluss von guter Bildung, geringe Wertschätzung durch die Gesellschaft, keine Teilhabe an Kultur und politischem Geschehen sind weitere Facetten der Armut. Die werden von keiner Statistik erfasst.

Zum anderen müsse endlich die »sozialwissenschaftliche Relativitätstheorie der Armut« berücksichtigt werden, sagt Butterwegge: »Armut existiert nicht ohne Reichtum und Reichtum nicht ohne Armut – man kann sie deshalb nicht unabhängig voneinander, losgelöst von Raum und Zeit betrachten.« Genau das täten jedoch die Armutsberichte, die die Bundesregierungen seit Jahrzehnten einmal pro Legislaturperiode herausgeben, kritisiert er. Sie blenden den vorhandenen Reichtum weitgehend aus. Mehr noch, die Regierungen vertrauen immer noch auf den sogenannten Trickle-down-Effekt (Sickereffekt), dem zufolge vom wachsenden Reichtum mit der Zeit genug Wohlstand zu unteren Einkommensschichten durchsickert. Dieser Effekt hat sich jedoch nie eingestellt, zeigen etwa Studien des Internationalen Währungsfonds. Der größte Teil der Vermögen konzentriert

Armut im internationalen Vergleich

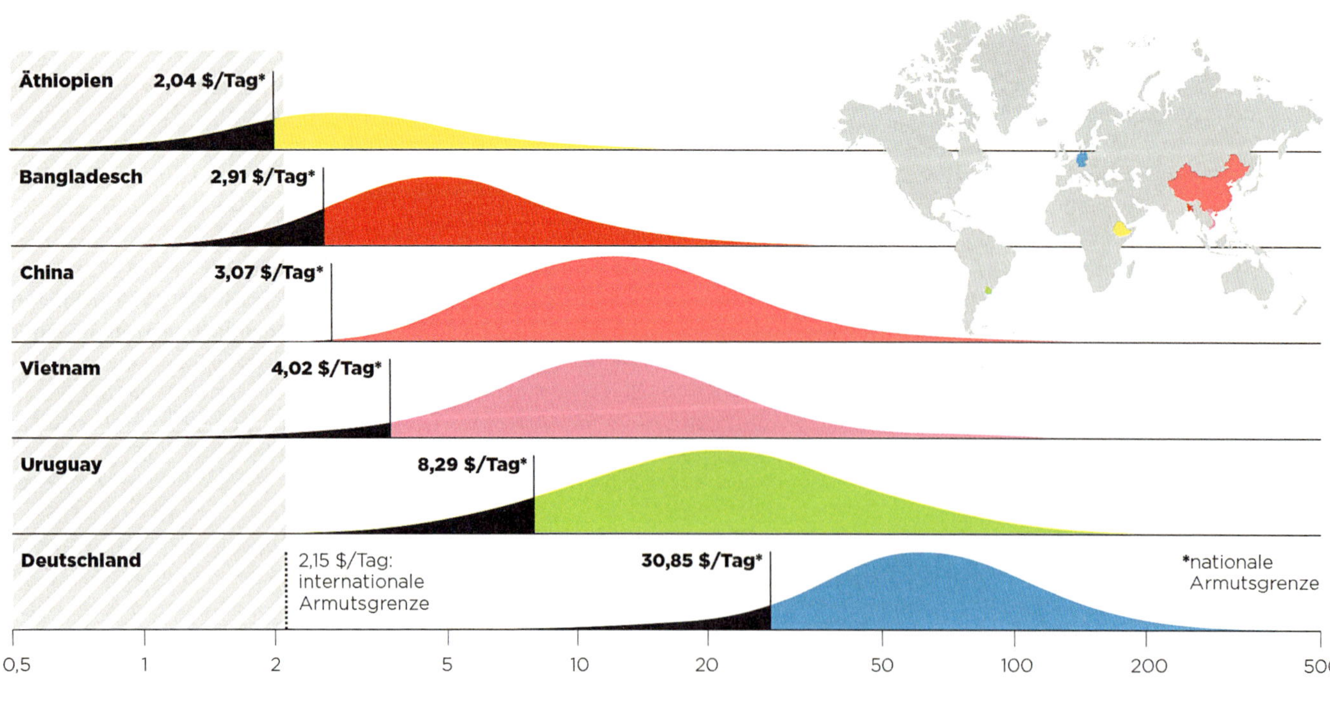

Verteilung der Einkommen pro Tag in ausgewählten Ländern. Schwarze Flächen: Anteil der Bevölkerung unterhalb der jeweiligen nationalen Armutsgrenze. Die ist je nach Lebenshaltungskosten unterschiedlich hoch

Quelle: World Bank; ourworldindata.org

sich auf die oberen fünf bis zehn Prozent der Industriegesellschaften, hat der französische Ökonom Thomas Piketty dokumentiert.

Bis heute hält sich die Ansicht, dass bittere Armut eine Art Normalzustand der Menschheit gewesen sei, den erst das Industriezeitalter beseitigt habe. Ein Bild, das Kulturanthropologen korrigiert haben. Zwar sind nichtsesshafte Kulturen, Jäger, Sammler, Nomaden, den Unbilden der Natur ausgesetzt gewesen. Aber dass sie permanent gedarbt hätten, davon kann keine Rede sein. Die Khoisan der Kalahari etwa bringen deutlich weniger Zeit als westliche Arbeiter auf, um ihren reichhaltigen Speiseplan zu füllen. Wirklich dauerhafte Armut, so scheint es, entstand erst, als vor 5.000 Jahren die ersten Hochkulturen mit ihren Eliten aus Adel und Priestern entstanden. Sie bestimmten, wie Nahrungsmittel verteilt wurden. Schon im alten Ägypten zeigen Reliefs ausgemergelte Gestalten, deren Rippen durch die Haut hervortreten.

Heute wächst der Reichtum weiter, auch in der Coronapandemie hat er zugenommen. Während die oberen fünf bis zehn Prozent eine weitgehend geschlossene und gut abgesicherte Gesellschaft bilden, sind die unteren Einkommensklassen vor Armutsrisiken schlecht geschützt.

Arbeitslosigkeit, Inflation, wirtschaftliche Abschwünge und Finanzmarkt-Crashs bedrohen längst auch die Mittelschicht. Und doch werden Ökonomen und Politiker nicht müde zu betonen, Armut sei ein individuelles Problem, das auf falschen Lebensentscheidungen beruhe oder gar auf der Neigung, es sich in der »sozialen Hängematte« gemütlich zu machen. Ein Vorwurf, den sich zahllose Hartz-IV-Empfänger seit 2005 immer wieder anhören mussten.

Der Mythos von der selbst verschuldeten Armut beleidigt nicht nur Obdachlose, Arbeitslose und Bürgergeld-Empfänger. Er wird auch immer wieder herangezogen, um zu erklären, warum im Globalen Süden immer noch ein bedrückendes Maß an Armut herrscht. Das Beispiel Indien widerlegt den Mythos. 1707 brach das indische Mogul-Reich zusammen, die Briten übernahmen nach und nach den Subkontinent als Kolonie, 1948 wurde Indien wieder unabhängig. Wann war das allgemeine Wohlstandsniveau höher – 1707 oder 1948? Antwort: 1707. Der britische Ökonom Angus Maddison hat nachgezeichnet, warum dies so ist: »Die Briten herrschten in Indien im Großen und Ganzen wie die römischen Konsuln in Nordafrika 2.000 Jahre vorher.« Sie übernahmen das Steuersystem von den Moguln. Zwar senkten sie die Steuern im Laufe der Zeit, aber sie ließen die lokalen einheimischen Steuereintreiber gewähren, weiterhin Landbesitz anzuhäufen. Zugleich verarmten viele Bauern.

»Abgesehen vom Eisenbahn- und Kanalbau taten sie so gut wie nichts, um die wirtschaftliche Entwicklung zu fördern«, schreibt Maddison. Sie überließen die indische Wirtschaft weitgehend sich selbst, getreu dem britischen Laisser-faire-Liberalismus. Der britische Kolonialapparat lebte wie eine neue eigene Kaste, vermischte sich nicht mit der indischen Bevölkerung, kaufte kaum indische Produkte, schützte indische Produzenten nicht vor der Konkurrenz ausländischer Importe. So sei über fast 200 Jahre viel Kapital aus Indien abgeflossen.

Bürgerversicherung, Grundeinkommen oder Startkapital – was reduziert Armut am wirksamsten?

Dieser Prozess hält bis heute an, und zwar weltweit: »Jene 50 Milliarden Dollar, die der Globale Norden dem Globalen Süden an ›Hilfen‹ zukommen lässt, sind nur ein Zehntel des Kapitalflusses in Höhe von 500 Milliarden Dollar, der von Süd nach Nord verläuft«, zürnte die indische Physikerin und Globalisierungskritikerin Vandana Shiva schon vor zwanzig Jahren.

Der US-Soziologe Herbert Gans bemerkte, dass der in den 1960ern ausgerufene »Krieg gegen die Armut« sich seit den 1980ern zu einem »Krieg gegen die Armen« gewandelt habe. Die Errungenschaften des Sozialstaats aus der Nachkriegszeit sind nach und nach zurückgenommen worden.

Verloren geben die Armutsforscher den Krieg gegen die Armut aber nicht. Und an Vorschlägen mangelt es auch nicht.

In Deutschland hat der Mindestlohn, lange eine kontroverse Forderung, seit Einführung 2015 eine leichte Entlastung gebracht. Die Zahl der Erwerbstätigen, die für Niedriglöhne arbeiten, ist hierzulande zurückgegangen. Während ihr Anteil zwischen 2006 und 2016 im Bereich von 23 Prozent lag, betrug er 2022 nur noch 18 Prozent. Der große Wurf ist der Mindestlohn damit allerdings noch nicht.

Die meisten Fürsprecher unter linken Armutsforschern hat derzeit die Idee des bedingungslosen Grundeinkommens für alle. Unklar ist jedoch immer noch, wie es finanziert werden könnte. Wenn etwa die rund 85 Millionen Bundesbürger monatlich 1.000 Euro bekämen, wären dafür pro Jahr gut eine Billion Euro nötig – utopisch.

Christoph Butterwegge plädiert stattdessen für eine solidarische Bürgerversicherung. Die würde alle Einkommensarten und Berufssparten einbeziehen. Keine private Krankenversicherung mehr, keine separate Altersvorsorge für Beamte oder Gutverdienende. Stattdessen zahlen ausnahmslos alle Menschen, die Geld verdienen, in die Sozialversicherung ein. Diese hätte dann ausreichend Mittel, um niedrige Einkommen gegen Armutsrisiken abzusichern.

Thomas Piketty wiederum fordert schon seit Jahren, Vermögen und hohe Einkommen wieder angemessen zu besteuern, wie es bis in die 1960er-Jahre in allen westlichen Industriestaaten der Fall war. Sein Vorschlag: »Man könnte ein Grunderbe für alle in Höhe von 120.000 Euro im Alter von 25 Jahren auszahlen.« Alle bekämen gewissermaßen eine gute Startrampe auf dem Weg ins Erwachsenenleben gestellt, nicht nur die Erben großer Vermögen. Bei schätzungsweise 1,4 Millionen Bundesbürgern, die derzeit 25 Jahre alt sind, würde das den deutschen Staat jährlich 175 Milliarden Euro kosten – deutlich weniger als ein bedingungsloses Grundeinkommen.

Ob sich für solche grundsätzlichen Änderungen parlamentarische Mehrheiten finden, weiß niemand. »Armut kann im Rahmen der jetzigen Gesellschaftsordnung nicht durch einen weiter wachsenden Reichtum beseitigt werden, das haben die vergangenen Jahrzehnte gezeigt«, sagt Christoph Butterwegge. Gut möglich, dass doch noch eine große soziale Bewegung entsteht, die sich den Kampf gegen die Armut, nicht gegen die Armen, auf die Fahnen schreibt. Butterwegge sagt: »Die 68er-Bewegung kam damals auch aus dem Nichts.« ■

DAS FÜHLT SICH IRGENDWIE GUT AN

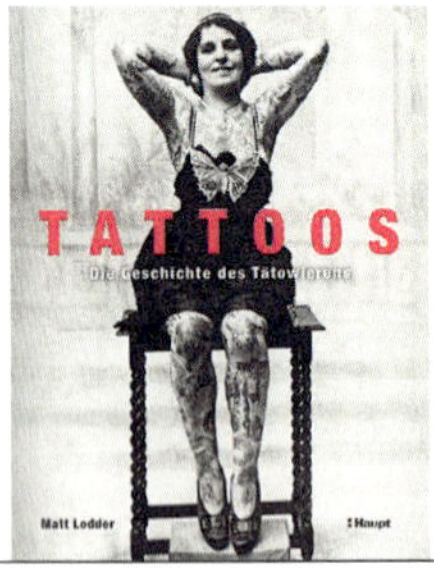

Er trägt uns so selbstverständlich und beiläufig mit sich herum: der Körper. Ein Produkt von Milliarden Jahren Evolution. Hier dreht sich mal alles nur um ihn

Empfehlungen für Bücher, Filme und Digitales

BÜCHER

Was der Körper uns lehrt
Der lebende Mensch ist von toten Zellen geschützt: den Hornzellen. Gleiches Material wie beim Nashorn, aber bei uns ist die Hornschicht nur wenige Mikrometer dünn. Sie hält Viren und Bakterien davon ab, in den Körper einzudringen. Wenn die Hornschicht mikroskopisch verletzt wird, können Warzenviren eindringen, meist an Füßen und Händen. Wird die Haut gröber verletzt, lockt das verwundete Gewebe Immunzellen an. Unterm Mikroskop sieht es chaotisch aus, wie Fasern, Zellen und Flüssigkeit die Wunde versorgen, aber wenn alles gut geht, ist die Haut am Ende wieder dicht. Die Ärztin Giulia Enders erklärt diesen Vorgang mit jener Leichtigkeit, die 2014 schon ihr erstes Sachbuch *Darm mit Charme* zum Bestseller gemacht hat. Man lernt beiläufig etwas über Hautpflege, Narben und die optimale Wundversorgung mit Gel-Pflastern. In den anderen vier Kapiteln schreibt sie über die Lunge, das Immunsystem, die Muskeln, das Gehirn. Das Wissen über den Körper gibt ihr Trost. Als ihre geliebte Großmutter stirbt, lässt Enders das merkwürdig kalt. Sie fragt sich: Wo bleibt meine Trauer? Dann liest sie einen medizinischen Text über Wunden, und ihr kommen die Tränen. »Die Haut gab mir eine neue Sicht auf Verletzung, Heilung, Berührung und Grenzen«, schreibt sie. Enders ist fasziniert davon, wie der Körper Probleme löst: »Immer wieder konnte ich daraus Anregungen für mein Leben ziehen.« Man muss ihre Analogien nicht nachempfinden, um dieses Buch zu mögen, aber wenn man sich darauf einlässt, lernt man eine neue Sprache: Organisch. *Giulia Enders: Organisch, Ullstein 2025, 336 S.*

Hallo, hier spricht die Haut!
1858 geht es los. Martin Hildebrandt, ein Einwanderer aus Deutschland, eröffnet in New York das erste Tätowiergeschäft der westlichen Welt. Nicht nur Matrosen, auch die feine Gesellschaft lässt sich bald Tattoos stechen. Die Presse wittert einen »Tätowierwahn«. Wie Trends und Techniken die Tattookunst in Nordamerika und Europa fortan prägen, erzählt der Kunsthistoriker Matt Lodder mit Insiderwissen und zahlreichen Fotos. *Tattoos, Haupt 2025, 224 S.*

Warum bin ich krank?
Von den Toten lernt die Medizin für die Lebenden. Bloß war es Ärzten im Mittelalter in der Regel nicht erlaubt, Leichen zu öffnen. Ausnahme: Opfer von Hinrichtungen. Der Medizinjournalist Werner Bartens verschont uns nicht mit Details. Seine Reise durch die Geschichte der Medizin zeigt, wie Krankheiten und Tod bis heute moralisiert werden. Früher als Rache Gottes, heute als Folge von Maßlosigkeit. Bartens: »Das Bedürfnis nach Kausalität ist groß.« *Leib und Seele, Rowohlt 2025, 528 S.*

Wie der Körper sauber wurde
Dass wir früher ziemlich schmutzig waren, überrascht nicht. Aber wussten Sie, dass die Dreckkruste am Kopf von Säuglingen sogar einen eigenen Namen hatte? Der »Kenuß« galt als gesund, sich zu waschen als Sünde. Viele badeten ihr Leben lang kein einziges Mal. Der Historiker Peter Ward erzählt eine Geschichte von starren Bräuchen und stinkenden Missständen, die der Körperpflege lange im Weg standen. Es ist auch eine Geschichte darüber, was es für uns heißt, ein guter Mensch zu sein. *Peter Ward: Der saubere Körper, edition frölich 2020, 335 S.*

»Ich bin wieder nur ich: eine müde Mutter mit fehlendem Kreuzbein«
Darf man einen Menschen fragen, warum sein Körper anders ist als andere Körper? Nein. Passiert aber. Was das mit ihr macht, darüber denkt die Philosophie-Professorin Chloé Cooper Jones nach. Sie hat nämlich einen Körper, der nicht der Norm entspricht. Atemlos folgt man ihren Gedanken und versteht, warum es schmerzhaft sein kann, wenn man die Blicke auf sich zieht.

»Im Körper schlummert über Tausende von Jahren gesammeltes Wissen«

Giulia Enders

Vorbelastet: das Verhältnis von Leib und Seele, links in der Graphic Novel von Liv Strömquist

Ein ehrliches und kluges Buch über Scham und Schönheit. *Chloé Cooper Jones: Easy Beauty, Suhrkamp 2024, 332 S.*

Das schreiben Fachleute

Ärztinnen und Ärzte schreiben nicht nur Rezepte. Sondern auch: *Das große Gynbuch* (Mandy Mangler); *Das Gen* (Siddhartha Mukherjee); *Mit Verstand altern* (Marianne Koch); *Ernährung – Meine Quintessenz* (Andreas Michalsen); *Briefe* (Oliver Sacks).

In Gräbern voller Sterne

Im Krieg wird auf Menschen geschossen. Sie sterben, und ihre Körper werden zu Grabe getragen. In drei Langgedichten lauscht die in Moskau geborene Autorin Maria Stepanova der Erde die Toten ab. Eine Erinnerungsarbeit, die unter die Haut geht. *Maria Stepanova: Der Körper kehrt wieder, Suhrkamp 2020, 140 S.*

Humankapital, 1920

Ihre Körper leuchteten im Dunkeln, und alt wurden sie nicht: Die *Radium Girls* waren Frauen, die Anfang des 20. Jahrhunderts Zifferblätter von Uhren mit radiumhaltiger Leuchtfarbe bemalten und sich dabei vergifteten. Ihr Leid führte zu schärferen Arbeitsgesetzen in den USA. Die Zeichnerin Cy setzt ihnen ein Denkmal. *Graphic Novel, Carlsen 2021, 136 S.*

So geht's los – im Bauch der Mutter

Die Fotos eines 22 Tage jungen Embryos, dessen Herz sichtbar schlägt, waren 1965 eine Sensation. Was nicht erwähnt wurde: Die Fotos wurden nach Abtreibungen und Fehlgeburten aufgenommen. Dennoch eine faszinierende Dokumentation (in der elften Auflage). *Lennart Nilsson, Linda Forsell: Ein Kind entsteht, Mosaik Verlag 2018, 224 S.*

So geht's weiter – in der Pubertät

In Charles Burns' Graphic Novel *Black Hole* erkranken Heranwachsende an einer sexuell übertragenen Krankheit, die ihre Körper entstellt. Die Geschichte: eine Metapher für das Erwachsenwerden. Das Buch: mit Preisen überhäuft. *Reprodukt 2011, 368 S.*

Dann kommt das Leben mittendrin

Zwischen dem 35. und dem 65. Lebensjahr gibt es ein Plateau, von dem aus man das eigene Werden und das Kommende überblicken kann. *Barbara Bleisch: In der Mitte des Lebens, Hanser 2024, 271 S.*

Und so geht's zu Ende

Sterben ist Biologie. Und Haltung. »Während wir darauf warten, dass die Altersforschung das Problem des Todes löst, können wir das Leben in all seiner Schönheit genießen«, schreibt *Venki Ramakrishnan: Warum wir sterben, Klett-Cotta 2024, 352 S.*

Das Leben am Maximum

Von Liv Strömquist *(Im Spiegelsaal)* stammt eine Graphic Novel über Gesundheit und Selbstoptimierung, Patriarchat und Influencer-Kapitalismus. *Das Orakel spricht* ist wie all ihre Bücher scharf beobachtet, klug recherchiert und verdichtet, lustig und – so wahr, dass es schmerzt. *Avant 2024, 248 S.*

FILME & SERIEN

Leben im Zeitraffer

Jack hat Progerie. Sein Körper altert viermal so schnell wie der anderer Kinder: Mit zehn Jahren sieht er aus wie ein 40-Jähriger. In dem Filmdrama *Jack* von Francis Ford Coppola kommt er gerade in die Schule – und dort hat er es natürlich erst einmal schwer. Da der wundervolle Robin Williams ihn spielt, berührt der Film das Herz, wird aber nie kitschig. *1996, 109 Min.*

»Oh nein, Polizei! Tut bitte alle so, als ob ihr normal wärt!«

Die junge Olive möchte an einem Schönheitswettbewerb in Los Angeles teilnehmen, also macht sich ihre schräge Familie im VW-Bus auf den Weg. Das Roadmovie *Little Miss Sunshine* erzählt von Sehnsüchten und Enttäuschungen. Super Soundtrack! Und ganz jung: Paul Dano. *2006, 98 Min.*

Abbildungen: Haupt Verlag; Christoph Lehner; Liv Strömquist/Avant Verlag; Julia Sellmann/Ullstein Buchverlage

Diagnose Schwersichtbarkeit
Manche Menschen sind so unscheinbar, dass man durch sie hindurchschaut. Kurt Krömer spielt in der Komödie *Eine Insel namens Udo* einen solchen (der passenderweise als Ladendetektiv arbeitet) – und Jasmin (Fritzi Haberlandt) die einzige Frau, die ihn sehen kann. Daraus ergeben sich allerlei Verwicklungen in Liebesdingen. Eine herzerwärmende Variation des Unsichtbarer-Mensch-Kinosujets. *2011, 80 Min.*

Top 10: Androiden & Cyborgs
1. *Metropolis* (1927, 145 Min.), 2. *Westworld* (1973, 89 Min.), 3. *Die Frauen von Stepford* (1975, 110 Min.), 4. *Blade Runner* (1982, 118 Min.), 5. *Ghost in the Shell* (1995, 83 Min.), 6. *Terminator* (1984, 107 Min.), 7. *I, Robot* (2004, 115 Min.), 8. *Surrogates* (2009, 88 Min.), 9. *Ex Machina* (2015, 108 Min.), 10. *Ich bin dein Mensch* (2021, 108 Min.)

»Schwachstellen? Habe ich keine. Ich bin perfekt«
1975 ist Arnold Schwarzeneggers Körper bis in den kleinsten Muskel so definiert, wie er ihn haben wollte, und sein Ziel ist klar: den Titel als Mr. Olympia zum fünften Mal zu verteidigen. Das Doku-Drama *Pumping Iron* zeichnet die brutalen 100 Tage Vorbereitung vor den Wettbewerben nach – und initiierte die bis heute währende Hollywood-Karriere des Österreichers. *1977, 85 Min.*

Aaaaaah!
Wer den Film *Die Körperfresser kommen* gesehen hat, wird den Schluss mit Donald Sutherland nie vergessen. Bis dahin wurden immer mehr Menschen durch gefühllose Doubles ersetzt – eine Allegorie auf den Faschismus. Fun-Fact: Auch Leonard »Dr. Spock« Nimoy spielt mit! *1978, 115 Min.*

Huiii!!
Liebling, wir haben die Ärzte geschrumpft! In dem mit zwei Oscars prämierten Film *Die phantastische Reise* huschen die in einem U-Boot durch die Blutbahnen eines Kranken, um sein Gehirn zu operieren – und staunen über die Aussicht. *1966, 101 Min.*

Iiiih!?
Der Engländer Joseph Merrick wurde 1862 mit entstelltem Körper und Gesicht geboren; die Menschen nannten ihn »Elefantenmensch« und stellten ihn auf Jahrmärkten aus. 117 Jahre später drehte David Lynch einen sehenswerten Film über ihn. *123 Min.*

Oha!
Partnertausch war gestern: In dem preisgekrönten Science-Fiction-Film *Aus meiner Haut* tauscht ein Pärchen für eine Woche seine Körper mit einem anderen Paar – und das führt, na klar, zu allerlei Komplikationen. Toll gespielt unter anderem von Mala Emde und Jonas Dassler! *2022, 104 Min.*

DIGITALES

Der bringt's
Hideo Kojima ist einer der einflussreichsten Erfinder von Games. 2019 erschien *Death Stranding*, ein Spiel über einen Kurier, der in einer verwüsteten, isolierten Welt lebenswichtige Dinge transportiert – auf seinem Rücken, kiloschwer, über Berg und Tal, kein falscher Tritt. Kein anderes Videospiel macht den Körper so spürbar. Gerade ist der zweite Teil erschienen, *On the Beach. Kojima Productions, diverse Plattformen*

Nintendo Schwitz
Beim Videospielen was für den Body tun? Mit *Ring Fit Adventure* funktioniert das! Der Controller ist ein Plastikring, der gedehnt, zusammengepresst oder in einer bestimmten Position gehalten werden muss. So kämpft man mit Kraft- und Yoga-Übungen gegen Monster und kommt dabei richtig außer Puste. *Nintendo, 2019, Switch*

Bitte halten Sie jetzt still
Im Virtual-Reality-Egoshooter *Superhot VR* ist man immer unter Beschuss. Der Clou: Nur wenn man sich bewegt (und die VR-Brille merkt das), vergeht Zeit, die Kugeln kommen näher – steht man still, passiert nix. Jede Bewegung muss klug geplant sein, denn rückwärts läuft die Zeit leider nicht. *Superhot Team, 2016+, div. Plattformen*

Ava hat einen Roboterkörper. Hat sie auch Bewusstsein?

Illustration: Christoph Lehner; Fotos: Universal Pictures; Interfoto; Caro Gugu (r.)

Schau mir in die Augen
Körperlicher wird's nicht: Das Computerspiel *Before Your Eyes* wird mit den Augen gesteuert, durch Bewegungen und Blinzeln; beides erkennt eine Webcam. Schöne Spielidee: Das Game erzählt eine tiefemotionale Lebensgeschichte, und Blinzeln lässt Zeit verstreichen – man muss also die Augen oft ganz schön aufreißen, um nicht zu blinzeln und etwas zu verpassen. *Skybound Games, 2021+, div. Plattf., beforeyoureyesgame.com*

Alle Körper willkommen
Am Anfang waren Fotos. 20 Frauen nackt vor der Kamera, dick und dünn, groß und klein, ohne Weichzeichner und Retusche. Die Frauen erzählten von Selbsthass und Bodyshaming. Aus diesem Projekt ging die Bewegung »Dein Körper ist genug« hervor (t1p.de/cgugu). Im Podcast spricht die Fotografin Caro Gugu mit Menschen über ihre Körpergeschichten. Viele Triggerwarnungen (Depression, Essstörungen, Sexismus), aber noch mehr Zuversicht. *Dein Körper ist genug, Podcast, versch. Plattformen*

So wirst du 100. Oder etwa nicht?
Jeden Dienstag nehmen die beiden Hosts faule Versprechen rund um Diäten, Wellness, Langlebigkeit und Superfoods auseinander. Lustig und fundiert. Tipp: die Folge über 100-Jährige (t1p.de/zw100). *Maintenance Phase, Podcast, versch. Plattformen*

Tanzen
Warum es gut ist, dass es das Internet gibt? Wegen Videos wie *Evolution of Dance.* Judson Laipply präsentiert darin in sechs Minuten die Populärgeschichte des Tanzes – lustig, bewegend, unscharf: 314 Millionen YouTube-Aufrufe seit 2006. *t1p.de/laipply*

Forschen
Der menschliche Körper, spielerisch erklärt für 8- bis 12-Jährige *(unserkoerper.de)* und im Detail für Erwachsene – mit interaktiven Anatomieansichten: *t1p.de/visualbody*

Entdecken
Paidia heißt eine Zeitschrift für Computerspielforschung. Die Redaktion sitzt an der Münchner Ludwig-Maximilians-Universität und hat einen Text veröffentlicht, der sich damit beschäftigt, wie Menschen mit physischen, seelischen und/oder geistigen Einschränkungen in Games dargestellt werden. Das Gute: Der Text bleibt nicht an der Oberfläche, sondern stellt konkrete Videospiele vor. Auch Nichtbetroffenen können sich so neue Welten eröffnen. *t1p.de/paidia*

Berechnen
Sie müssen manchmal geometrische Körper berechnen? Kugeln, Zylinder, Quader? Um ein Volumen zu ermitteln oder eine Oberfläche? Dabei helfen die Rechner von *Geogebra,* die finden Sie hier: *t1p.de/geohilfe*

»Uns Menschen wird gezeigt, was Schönheit ist. Und das, was gezeigt wird, ist ziemlich eindimensional«

Caro Gugu

Caro Gugu moderiert den Podcast »Dein Körper ist genug«

Texte: Hella Kemper, Johanna Michaels, Max Rauner, Sven Stillich

DIE GLORREICHEN 7

Körper ist nicht alles: Weitere lesenswerte Neuerscheinungen

Mit einer Pilgerreise durch die Steppen Zentralasiens im Jahr 1218 beginnt die globale Umweltgeschichte **Brennende Erde** des Yale-Historikers Sunil Amrith. C. H. Beck, 505 S.

Von Abtreibung bis Sterbehilfe: Irgendwann steht jeder vor einer existenziellen Entscheidung. Anhand von Fallgeschichten gibt die Medizinethikerin Alena Buyx in **Leben & Sterben** Orientierung. S. Fischer, 302 S.

Gaming. Eine Pixel-Zeitreise erzählt die Geschichte des Videospiels von »Tennis for Two« (1958) bis heute. Ein kluger, witziger Sachcomic von Jean Zeid und Émilie Rouge. Carlsen, 240 S.

Die Mediävistik-Professorin Racha Kirakosian rehabilitiert die Ekstase in ihrer Menschheitsgeschichte **Berauscht der Sinne beraubt,** Propyläen, 400 S.

Warum ist 1+1=2? So beginnt **Das Buch, von dem Du Dir wünschst, Dein Mathelehrer hätte es gelesen** von Eugenia Cheng. Ihre Liebe für Zahlen ist ansteckend. C. H. Beck, 324 S.

»In jedem Bruch liegen die Hoffnung, sich zu finden, und das Risiko, sich zu verlieren.« Claire Marin philosophiert in **Brüche** über Trennung, Geburt, Unfall, Krankheit. Existenzialistisch. dtv, 176 S.

Die Kriminalpsychologin Julia Shaw erzählt in **Green Crime** von Helden und Schurken in Umweltverbrechen. Macht wütend. Und Mut. Ullstein, 316 S.

LIEBE LESERIN, LIEBER LESER, JETZT SIND SIE DRAN!

Am Anfang jeder Ausgabe von ZEIT WISSEN stellen wir drei Fragen. Am Ende des Heftes wünschen wir uns jetzt von Ihnen eine Frage. Welche kommt Ihnen in den Sinn, wenn Sie die Zöpfe auf dem Bild rechts betrachten? Schreiben Sie uns bitte bis zum 7. September 2025. Die beste eingesandte Frage beantworten wir in der nächsten Ausgabe. Gewinnen können Sie die ZEIT-Edition »Die besten Einfälle des 21. Jahrhunderts«

Die Redaktion erreichen Sie unter: zeitwissen@zeit.de

Social Media:
Folgen Sie uns auf Instagram unter @zeitwissen und auf facebook.com/zeitwissen

Archiv:
Frühere Ausgaben des ZEIT WISSEN-Magazins können Sie unter zeit.de/zw-archiv bestellen

Podcast:
Unser ZEIT WISSEN-Podcast »Woher weißt Du das?« erscheint alle zwei Wochen mit Reportagen, Hintergrundinfos und Interviews zu spannenden Themen. Zu hören ist er unter zeit.de/zeitwissen-podcast sowie auf Spotify und allen anderen großen Podcast-Plattformen.

Das nächste ZEIT WISSEN erscheint am 17. Oktober 2025

IMPRESSUM

Herausgeber **Andreas Sentker** Chefredakteur **Andreas Lebert** Art-Direktion **Wiebke Hansen** Redaktion **Hella Kemper, Johanna Michaels, Dr. Max Rauner, Katrin Zeug** Bildredaktion **Lisa Morgenstern, Eva-Maria Tornette** Layout **Christoph Lehner** Autoren **Niels Boeing, Tobias Hürter, Sven Stillich** Mitarbeiter dieser Ausgabe **Marie Castner, Noah Hildebrandt, Jens Jessen, Chiara Joos, Till Raether, Ulf Schönert, Lenja Stratmann** Onlineredaktion **Jochen Wegner (verantw.)** Korrektorat **Thomas Worthmann (verantw.), Oliver Voß (stellv.)** CPO Magazines & New Business **Sandra Kreft** Director Magazines **Malte Winter** Marketing **Elke Deleker** Vertrieb **Sarah Reinbacher** Unternehmenskommunikation und Veranstaltungen **Silvie Rundel** Anzeigen **ZEIT Advise, Lars Niemann (CSO), www.advise.zeit.de** Herstellung **Torsten Bastian (verantw.), Oliver Nagel (stellv.)** Repro **Mohn Media Mohndruck GmbH** Druck **Firmengruppe APPL, appl Druck, Wemding** Anzeigenpreise **ZEIT WISSEN-Preisliste Nr. 21 vom 1. Januar 2025** Abonnement **Jahresabonnement (6 Hefte) 49,80 Euro, Lieferung frei Haus, Auslandsabonnementpreise auf Anfrage; Abonnentenservice: Telefon 040/42 23 70 70, Fax 040/42 23 70 90, E-Mail abo@zeit.de, www.zeit.de/zw-abo** Anschrift **ZEIT WISSEN, Zeitverlag Gerd Bucerius GmbH & Co. KG, Buceriusstraße, Eingang Speersort 1, 20095 Hamburg, Telefon 040/32 80-0 Kontaktadresse nach EU-Produktsicherheitsverordnung: produktsicherheit@zeit.de.**
Diese Ausgabe enthält Publikationen von folgenden Unternehmen in Teilauflagen: Biber Umweltprodukte Versand GmbH; A-6850 Dornbirn; Haufe-Lexware GmbH & Co. KG, 79111 Freiburg; Plan International Deutschland e. V., 22305 Hamburg

Foto: Osamu Yokonami

Vielen Dank für Ihre zahlreichen Einsendungen zu diesem Bild im vorigen Heft.
Gewonnen hat die Frage von Michael Borell

Text Marie Castner Foto Alex Crétey Systermans

WAS WÜRDE OTTO LILIENTHAL DAZU SAGEN?

Blickte man im Jahr 1891 in den Himmel, waren da nur die Vögel. Noch kein Flugzeug donnerte vorbei, kein Kondensstreifen durchschnitt das Blau. Man sah hinauf und träumte. Nur im brandenburgischen Derwitz konnte es passieren, dass man dabei plötzlich aus allen Wolken fiel: Flog da etwa ein Mann? Mit richtigen Flügeln?

Ja, tatsächlich. Otto Lilienthal war der Meinung, dass eine Kultur daran »krankt«, wenn sie sich »nur an der Erdoberfläche abspielt«. Also hatte er sich Flügel gebaut, aus Weidenholz und Baumwolle, mit zehn Metern Spannweite. Sobald die Zeit es zuließ, schleppte er eines seiner Konstrukte irgendeine Anhöhe hinauf, zurrte sich darin fest, lief ein paar Schritte – und hob ab. Bis zu 250 Meter weit glitt er durch die Luft.

Lilienthal gilt heute als Wegbereiter des Flugwesens. Jahrelang studiert er den Gleitflug der Störche, bis er das Rätsel des Menschheitstraums löst: Auftrieb entsteht nicht in erster Linie dadurch, dass ein Flügel besonders groß oder leicht ist, sondern durch »die den Vogelflügeln eigenthümlich schwache Wölbung«. Die vordere Kante ist dick, die hintere spitz. Noch immer ist jeder Flugzeugflügel nach diesem Prinzip geformt.

Der Aerodynamik-Forscher Markus Raffel hat einen Lilienthal-Gleiter nachgebaut und ausprobiert. »Es ist wie im Traum, als hätte man wirklich Flügel, jeden Aufwind spürt man in den eigenen Schultern.«

Setzten wir diesem Lilienthal nun ein modernes Passagierflugzeug vor die Nase, er wäre wohl erst einmal sprachlos. Doch allzu sprachlos auch wieder nicht, vermutet der Lilienthal-Biograf Bernd Lukasch. Denn Lilienthal habe die Motorisierung und Technisierung von Fluggeräten sowie die Beförderung von Passagieren bereits mitgedacht. »Die Geschichte«, schreibt Lilienthal, »ist reich an Beispielen, wo ein einziger glücklicher Gedanke zu einer technischen Großthat sich ausgestalten ließ.«

Dann würde Lilienthal sich noch nach dem ewigen Weltfrieden erkundigen. Den hätten wir gewiss nun auch erreicht? Denn »die gegenseitige Absperrung der Länder« sei ja nur möglich, wenn wir nicht »frei wie der Vogel auch das Luftreich beherrschen«. Na ja, schön wär's. Dass seine Gleitflüge einmal Kampfjets hervorbringen würden, überstieg die Vorstellungskraft des Visionärs.

Otto Lilienthal stirbt 1896 an den Folgen eines Sturzes aus luftigen 15 Metern Höhe. Eine Bö hatte ihn unerwartet erfasst. Doch seine Ideen haben noch nicht ausgedient. So arbeitete Lilienthal auch an Geräten, die durch Flattern Auftrieb erzeugen. Lange galt das als Irrweg. Nun fand man heraus, dass Maschinen mit Flügelschlag Treibstoff sparen. Es könne also sein, meint Raffel, dass es bald auch Flugzeuge gibt, die den Himmel entlangflattern. ▪

VON DIR LERNEN

Hör mir bitte gut zu

Wenn man den Planeten von oben betrachtet, ist er blau. Von dort aus gehört er nicht den Menschen, sondern den Walen. Anders als wir, die wir uns in unserer Umwelt vor allem sehend orientieren, verlassen sich die Meeressäuger auf das Hören. In trüben, tiefen Gewässern sind Ohren nämlich wichtiger als Augen. Das Gehirn eines Wals ähnelt dem des Menschen – doch anders als bei uns ist es zu einem großen Teil damit beschäftigt, auditive Eindrücke zu verarbeiten. Der Mensch hat oft ein Problem damit, richtig zuzuhören. Der Wal nicht.

Bei uns Menschen hat das Sprechen deutlich mehr Prestige als das Zuhören. »Wer das Sagen hat, hat Ansehen«, sagt die Psychologin Margarete Imhof. Zu Unrecht: »Es ist noch nie ein neuer Gedanke durch einen offenen Mund eingedrungen«, sagt sie. Oft gehen wir davon aus, schon zu wissen, was eine andere Person uns zu sagen hat. Dabei sind es die feinen Nuancen einer Geschichte, die den Unterschied machen. Für diese sollten wir unsere Ohren öffnen. »Genaues Zuhören macht vor allem in langen Beziehungen einen entscheidenden Unterschied.«

Auch Wale leben in hochentwickelten Sozialstrukturen, sie empfinden Liebe, und die Großmütter geben ihr Wissen an die Enkel weiter. Wale werden bis zu 200 Jahre alt, und es gibt sie, so wie wir sie heute kennen, schon seit 36 Millionen Jahren – also deutlich länger als den Menschen.

Ihr Vokabular ist ausgeprägt und komplex. »Ein tauber Wal ist ein toter Wal«, sagt der Walforscher Fabian Ritter. »Die Kultur der Wale basiert auf Kooperation und Harmonie, die maßgeblich durch Zuhören geschaffen wird.« Das Balzverhalten der Buckelwale zeigt, dass sie sich dabei ganz genau zuhören. Die Männchen stimmen zur Paarungszeit stets in dasselbe Lied ein, es variiert allerdings jedes Jahr ganz leicht. Bei ihnen sind die Details also ähnlich entscheidend wie bei uns. Sie haben sogar regionale Dialekte: Polynesische Buckelwale singen anders als die kalifornischen. Und sie hören nicht nur den anderen, sondern auch sich selbst genau zu. Um in dunklen Gewässern Beute zu lokalisieren, nutzen Wale das Echo ihrer eigenen Laute. Auch das können wir von den blauen Riesen lernen: auf unsere eigene Stimme zu hören.

Der Mensch hat oft ein Problem mit dem Zuhören. Der Wal nicht

In den USA arbeiten derzeit im Projekt CETI 50 Wissenschaftler aus acht verschiedenen Disziplinen daran, die Klicklaute der Pottwale zu übersetzen. Darunter sind Meeresbiologen, Ingenieurinnen und führende KI-Entwickler. »Wir stehen kurz vor einem Wendepunkt«, sagt der Projektgründer David Gruber. Klar ist bereits: Wale kombinieren verschiedene Elemente ihres phonetischen Alphabets, um Aussagen in einen Kontext einzubetten. »Wir arbeiten nun daran, zu verstehen, welche Bedeutungen diese Klänge haben«, sagt Gruber. Nahziel sei es, die Vokalisierung für den Befehl »Tauchen« zu erkennen. Langfristig wollen die Forscher auch die Sprachen anderer Tiere entschlüsseln. Die Idee: Wenn wir Menschen die Tiere verstehen, dann können wir ihren Bedürfnissen besser gerecht werden. Es bleibt zu hoffen, dass wir ihnen auch zuhören, wenn es so weit ist. ■

Text Lenja Stratmann

Foto: Philip Thurston/Getty Images